새로운 자산국가: 코리아 스탠다드

새로운 자산국가: 코리아 스탠다드

새로운 자산국가:
코리아 스탠다드

정훈 지음

어깨 위 망원경

생각을 기록하고 전파하는 일이 어느새 내 생의 커다란 목표이자, 새로운 자아를 향한 변곡점이 되었다.

나는 그저 평범한 한 사람이다. 그러나 누구나 그러하듯, 내 안에서는 세상과 우주를 이해하려는 사적인 탐구가 집요하게 이어져 왔다. 규칙을 배우고 원리를 추론하며, 믿음과 사랑이라는 형이상학적 영역까지 사유의 폭을 넓혀 보기도 했다. 본질에 닿아 명쾌한 해답을 얻고 싶었지만, 그 길의 끝에서 마주한 것은 언제나 더 깊은 질문과 불확실성이었다.

그렇기에 이제는 논리와 이성만으로는 가닿을 수 없는 그 경계 너머를 겸허히 받아들이려 한다. 모든 것이 결국 그곳으로 귀결된다면, 그 무한한 공간 속에서 새로운 자유를 발견하고 싶다. 어떤 제약도 없는 사유의 지평 위에서 무엇이든 마음껏 상상하고 싶다. 생각이 확장되고 깊어져 나의 한계를 넘어설 만큼 깊이 침잠할 수 있다면, 그것이야말로 내가 갈망하는 진정한 해방일 것이다. 나는 지금도 매일 상상력의 점들을 연결하며 나만의 사유 세계를 구축해 나가고 있다.

이토록 사적인 탐색의 여정이 '한국'이라는 국가의 미래를 상상하는 지점까지 나를 이끌었다는 사실은 스스로에게도 놀라운 경험이다. 본래 나는 국가를 염려할 만큼 애국심이 각별한 사람이 아니기 때문이다. 오히려 스스로를 애국자라 칭하며 그것을 당위적 미덕으로 내세우는 태도를 경계해 왔던 쪽에 가깝다. 그럼에도 불구하고 이 나라와 그 안에 놓인 내 삶이 끊임없이 질문을 던졌고, 어느 순간 모든 사유가 이 주제로 수렴되기 시작했다. 문득 이 주제를 글로 옮겨야겠다는 결심이 섰을 때, 그것은 내 인생의 가장 거대한 난제를 풀어보려는 실천적 도전처럼 느껴졌다.

나는 이 책을 통해 감히 정답을 제시하려 하지 않는다. 다만 불확실성 속에서도 시대의 흐름을 읽고 그 방향을 조심스럽게 타진해보려는 시도를 담았다. 나는 여전히 힌트를 찾고 있다. 체제의 틈을 들여다보고, 에러를 추적하며, 균열 사이에서 새로운 가능성을 탐색하고 있다.

부족한 머리말을 마치며, 나의 설익은 아이디어를 깊이 이해해주고 감수를 맡아 준 JC에게 무한한 감사와 사랑을 전한다. 새로운 생각을 비판적인 시각으로 공감해주는 동료가 있다는 사실이 얼마나 큰 축복인지 다시금 깨닫게 되었다. 아울러 얼마 전 고인이 되신 H와 J에게 이 책을 바친다. 두 분과 이 담론을 꼭 함께 나누고 싶었다.

2025년 4월

차례

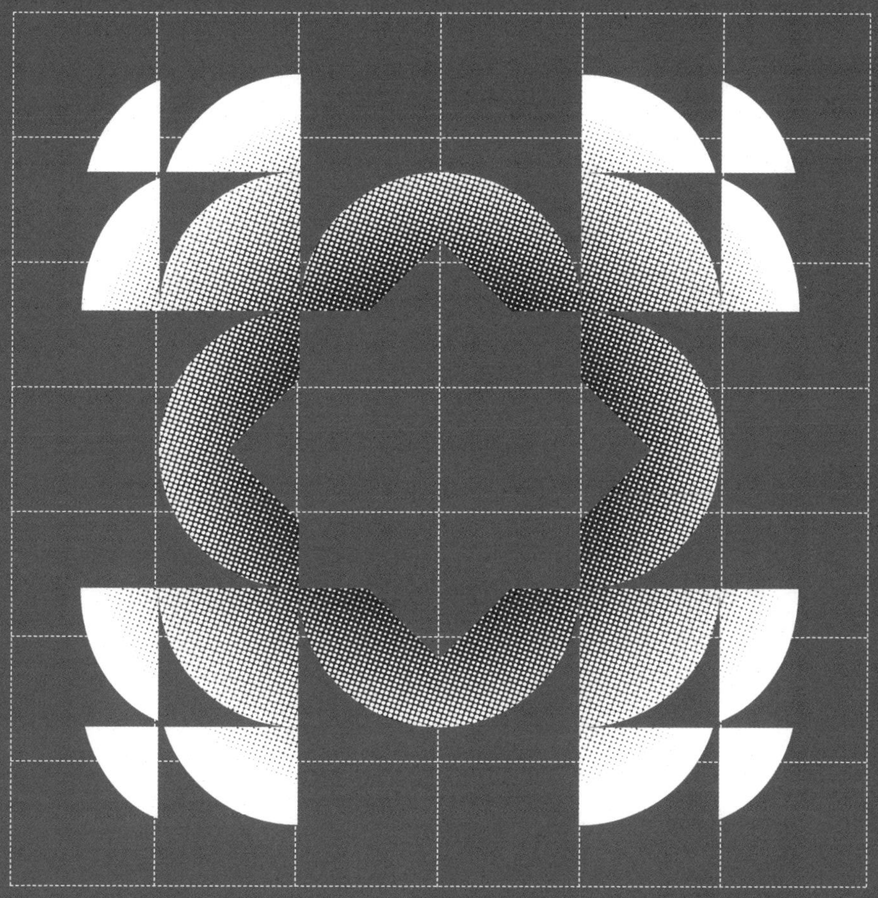

Chapter 1

한국 사회의 위기와 패러다임의 전환

이 책은 하나의 선언이다. 무너져가는 현실에 대한 집착에서 이제는 벗어나 기초부터 구조를 다시 설계하겠다는 선언이다.

한국은 지금 서서히 무너지고 있다. 산업은 둔화하고, 인구는 계속해서 줄어든다. 청년은 미래를 포기하며, 중년은 그저 버틸 뿐이고, 노인은 외롭게 늙어가고 있다. 기술을 향한 열망은 여전하지만, AI와 첨단 분야에서의 격차는 점점 벌어지고 있다. 에너지와 식량, 안보와 경제가 맞물린 복합 위기의 시대다. 이 구조로는 더 이상 갈 수 없다는 것을 우리는 분명히 느끼고 있다.

20세기 후반, 우리는 '한강의 기적'을 만들었다. 제조업, 무역, 교육, 근면, 이 네 축 위에 기적 같은 성장이 쌓였다. 누구도 기대하지 않았던 고도성장, 수출 중심의 산업화, 그리고 중산층의 확대. 우리는 '성장의 서사'를 집단적으로 공유했다. 그러나 이제 그 기반은 빠르게 무너지고 있다. 조선, 반도체, 자동차 같은 주력 산업은 글로벌 경쟁에서 밀려나고 있고, AI, 바이오, 에너지 등 미래 산업에서는 여전히 후발 주자의 위치에 머물러 있다. 새로운 기적은 더 이상 오지 않는다. 성장의 서사는 멈췄고, 이제는 구조의 붕괴를 받아들이는 단계에 다가섰다.

먼저, 무엇이 문제인지 정확히 알아야 한다. 아래부터는 국내외 환경과 현재의 상황, 그리고 직면해 있는 문제들을 산업과 인구 구조의 관점에서 상세히 기술해 보려 한다.

산업의 붕괴

한국은 여전히 기술 강국으로 불리고 있지만, '기술은 있어도 시장은 없다'라는 평가가 갈수록 커지고 있다. 조선업은 오랜 기간 세계 1위를 지켰지만, 최근 5년 사이 중국에 세계 시장 점유율을 역전당했다. 2022년 기준, 한국의 조선 수주 점유율은 38%였고, 중국은 45%를 차지했다. 중국은 정부 주도로 조선산업을 '친환경 선박' 중심으로 빠르게 전환하며, 대규모 인력 양성과 인센티브를 동시에 투입하고 있다. 반면 한국은 조선업 인력의 평균 연령이 50세를 넘어가고 있으며, 숙련공 부족으로 수주 후 실제 건조까지 수년씩 지연되는 사례가 늘고 있다. 2023년 기준, 현대중공업은 전체 수주 물량 중 30% 이상을 인력 부족으로 계획보다 늦게 인도하고 있다.

반도체 산업은 여전히 '초격차'를 외치고 있지만, 현실은 그렇게 간단하지가 않다. 미국의 반도체법과 중국의 내수 중심 자립 전략 사이에서 한국은 전략적 자율성을 점차 잃어간다. 한때 세계 DRAM 시장의 70% 이상을 차지했던 삼성전자와 SK하이닉스는 여전히 기술력에서는 세계적 경쟁력을 유지하고 있으나, 시장 전략과 공급망 주도권에서는 점점 뒤처지고 있다. 파운드리 분야에서는 대만의 TSMC가 애플, 엔비디아, 퀄컴 등 글로벌 수요의 상당 부분을 흡수하며 독보적 지위를 점하고 있다.

특히 공정 안정성에서 TSMC는 삼성전자보다 확연히 앞선다는 평가를 받는다. 2023년 기준 5nm 이하 첨단 공정의 수율은 TSMC가 70~80% 수준을 유지하는 반면, 삼성전자는 60% 안팎에 머무른다. 이는 고성능·저전력 반도체를 요구하는 글로벌 기업들에 TSMC가 '선택지'가 아닌 '전략적 파트너'로 작용하게 만드는 주요 요인이다. 2024년부터 미국은 반도체법을 본격 집행하며 반도체 산업을 국가 안보의 핵심 자산으로 삼고 있다. 인텔은 오하이오주에 200억 달러 규모의 첨단 파운드리 공장을 착공했고, TSMC도 애리조나 공장을 2025년 조기 가동하기 위해 장비와 인력을 대규모로 이전 중이다. 이들 기업은 수십조 원에 달하는 세금 감면과 인프라 지원을 연방정부로부터 약속받은 상태다. 반면 한국 기업들은 미국 내 생산기지를 구축하라는 압박을 받는 동시에, 자국 내에서는 비용과 인력 부족, 규제 환경 등의 이중 부담에 직면해 있다.

이런 상황은 단순한 산업 경쟁을 넘어, 반도체 패권을 둘러싼 지정학적 전쟁 속에서 한국이 점차 주도권을 잃고 있음을 보여준다. 초격차라는 구호만으로는 더 이상 세계 시장에서 구조적 우위를 확보하기 어렵다. 배터리, 바이오, 클린에너지 분야에서 한국은 여전히 후발

주자를 벗어나지 못하고 있다. 정부 주도 대기업 중심의 전략은 초기 성과를 낼 수는 있지만, 시장을 설계하고 생태계를 조성하는 데에는 실패하고 있다.

스타트업과 중소기업은 여전히 하청 구조 속에 묶여 있다. 그들은 독자적인 브랜드와 생태계를 만들 기회조차 얻지 못한 채, 성장이 아니라 '존속'을 선택하며 연명한다. 대표적 사례로, 배달의민족은 독일의 딜리버리히어로에 인수되었고, 쿠팡은 미국 뉴욕 증시에 상장해 본사를 미국에 두고 있다. 유망한 스타트업들이 한국 내에 장기적 성장 기반을 마련하지 못하고 결국 해외 자본으로 빠져나가는 구조는 '시장 설계력 부재'의 단면을 보여준다.

한마디로, 산업은 여전히 과거에 머물러 있다. 낡은 구조와 함께, 전략은 근시안적일 뿐이고, 따라서 새로운 도전은 점점 더 찾아보기 힘들다. 지금 한국 산업은 그저 관성에 의해 움직이고 있을 뿐이다. 이상적인 세계에서는 관성만으로도 계속 앞으로 나아갈 수 있지만, 현실 세계에서는 마찰력에 의해 점점 속도가 줄어들고 언젠가는 정지할 수밖에 없다.

AI 산업의 정체

AI는 단지 새로운 산업이 아니라, 미래 사회의 구조를 재편하는 기반 기술이다. 그러나 한국은 이 결정적 전환점에서 한참 뒤처져 있다. 가장 큰 문제는 기술이 아니라 데이터와 생태계다. AI의 핵심은 알고리즘 그 자체보다, 양질의 학습 데이터와 이를 바탕으로 한 상용 생태계 구축이다.

미국에서는 오픈AI, 앤트로픽, 구글 딥마인드 등 민간 기업들이 초거대 언어 모델 개발을 주도한다. 이들은 단순히 모델을 연구·출시하는 데 그치지 않고, 이를 기반으로 한 거대한 서비스 생태계를 구축하고 있다. 오픈AI는 GPT 시리즈를 통해 수억 명이 사용하는 ChatGPT를 운영하며, 마이크로소프트의 클라우드 인프라를 바탕으로 API를 판매한다. 이 API는 교육, 마케팅, 의료, 금융, 고객상담 등 다양한 분야에 빠르게 접목되며 새로운 시장을 창출한다. 또한 GPT는 '플러그인' 구조를 도입해 외부 기업의 서비스와 연결되며, 하나의 운영체제처럼 확장되고 있다.

앤트로픽은 '콘텐츠 안전성'과 '투명한 AI 훈련'에 특화된 Claude를 개발해 법률 문서 작성, 기업 내부 지식 관리, 고객 대응 자동화 등에 적용하고 있으며, 이미 글로벌 스타트업들과 협업을 통해 실사용 사례를 빠르게 확보하고 있다. 구글 딥마인드는 자사 LLM인 Gemini를 검색 엔진, Gmail, Google Docs, YouTube 등 기존의 거대한 사용자 기반 서비스와 긴밀히 통합하여 구글 생태계 전반에 AI 기능을 흡수시키고 있다.

이처럼 미국의 민간 기업들은 단순한 기술 실험을 넘어, LLM을 플랫폼화하여 일상과 산업 구조에 깊이 침투시켜, 속도와 범위 면에서 국가 단위 정책보다도 앞서 움직이는 중이다. 반면 한국은 여전히 폐쇄적인 데이터 정책과 파편화된 디지털 인프라에 갇혀 있다. 정부가 2021년부터 추진한 'AI 허브' 사업은 대규모 공공 데이터셋을 민간에

　　　　　새로운 자산국가: 코리아 스탠다드

개방한다는 취지였지만, 실효성 논란에 휩싸였다. 수집된 데이터는 이미지 해상도가 낮거나 태그 분류가 부정확해 기계 학습에 적합하지 않았고, 일부 데이터는 중복되거나 라벨링이 잘못된 채 배포되었다. 실제로 국내 주요 AI 스타트업 10곳을 대상으로 한 조사에서, AI 허브 데이터를 상용 개발에 '직접 활용했다'고 응답한 기업은 2곳에 불과했다.

공공 데이터는 대부분 PDF 문서, 스캔 파일, 사진 이미지처럼 비정형 형태이며, 최신성이나 정합성이 떨어진다. 민간 기업의 데이터 역시 기업별 폐쇄 시스템에 머물러 있어 연결되지 않으며, 상호 API 표준조차 마련되어 있지 않다. '데이터 댐'이라는 이름 아래 추진된 데이터 수집 사업들도 각 기관 단위로 고립되었고, '플랫폼'이 아닌 '저장소'로 기능한다.

이런 데이터 인프라 문제는 기술 개발뿐 아니라 규제에도 영향을 받는다. 2024년 현재 한국의 데이터 개방 수준은 OECD 38개국 중 27위로, OECD 평균에 한참 못 미친다. 정보 보호법과 개인 정보 보호법은 원칙 중심이 아니라 '사전 허가 중심'의 규제 방식으로 운영되고 있어, AI 훈련에 필요한 비식별화 데이터조차 원활히 활용하기 어렵다. 의료 데이터처럼 고부가가치 산업군에서도 지역 간, 기관 간 데이터 연결이 막혀 AI 개발의 연료가 되는 고품질 데이터를 확보하기 어려운 상황이다.

한국 기업들도 초거대 AI 개발에는 도전하고 있다. 네이버는 한국어 기반 초거대 모델 'HyperCLOVA X'를 2023년 공개했고, LG도 초거대 멀티모달 AI 'EXAONE'을 개발해 텍스트와 이미지를 동시에 이해하고 생성할 수 있는 구조를 발표했다. 그러나 오픈AI의 GPT-4

가 수십만 개의 애플리케이션과 플러그인을 바탕으로 글로벌 생태계를 형성하고 있는 데 반해, 한국의 모델들은 '내부 시스템 최적화'에 머무른다. 모델 성능 자체보다는 기업 내부의 데이터 접근성과 외부 응용 생태계가 미비하다는 구조적 한계가 크다.

즉, 한국은 기술은 '있다'고 말할 수 있지만, 그 기술이 시장에서 작동하고 순환하는 구조가 매우 열악하다. 이러한 간극이 한국 AI 산업의 구조적 병목으로 작용한다. 미국은 2023년 GPT-4 공개 이후 불과 수개월 만에 모델을 상용 API 형태로 배포했고, 마이크로소프트는 이를 곧바로 Office 365 전 제품군에 통합시켰다. 사용자는 Word, Excel, Outlook 등 일상 업무 환경에서 자연어 기반 생성형 AI를 즉시 활용할 수 있게 되었고, 수많은 스타트업이 GPT API를 활용한 다양한 서비스로 빠르게 확장했다.

반면, 한국의 초거대 AI는 모델은 존재하지만, 서비스는 없는 구조다. 네이버의 HyperCLOVA X는 204억 개 파라미터 규모의 한국어 특화 모델로 발표되었고, LG의 EXAONE은 멀티모달 생성형 AI를 표방하며 텍스트-이미지 연산 능력을 강조했다. 그러나 이들 모델은 여전히 기업 내부 서비스 개선용으로 한정되어 있고, 외부 개발자가 접근하거나 파생 서비스를 만들 수 있는 API, SDK, 샌드박스 환경조차 제공되지 않는다. 대기업 이외의 중소기업, 스타트업, 대학 연구소 등은 실험조차 하기 어려운 폐쇄적 생태계를 마주하고 있다.

중국은 오히려 실행력 면에서 빠른 진전을 보인다. 2024년 공개된 DeepSeek-V2 모델은 약 1,400억 개의 파라미터를 탑재했으며, 오픈 벤치마크에서 GPT-4와 유사한 언어 이해 성능을 기록했다. 이 모

 새로운 자산국가: 코리아 스탠다드

델은 알리바바 클라우드, 텐센트 WeChat, 바이두 백과, 핀둬둬 전자 상거래 플랫폼 등에서 실제 서비스에 접목되고 있다. 중국 정부는 도시별로 LLM 데이터센터를 지정하고, GPU 수입 규제에도 불구하고 NVIDIA A800 등 대체 장비를 전략적으로 배분해 AI 훈련 속도를 유지한다.

2024년 1월 기준, 전 세계적으로 파라미터 1,000억 개 이상 규모의 초거대 언어 모델은 80개 이상 발표되었으며, 이 중 20여 개의 모델이 중국의 민간 기업이나 국립 연구 기관에서 개발되었다. 이들 모델 중 상당수는 클라우드 API로 공개되었으며, 오픈 소스 커뮤니티에도 등록되어 국제적 협업과 상호 검증이 가능한 상태다. 반면 한국은 대기업 주도 모델이 23개에 불과하고, 중소형 연구 기관 또는 오픈 소스 커뮤니티 기반의 LLM 프로젝트는 거의 없다.

이 격차는 단순한 수치의 차이를 넘어, "AI는 공공재인가, 아니면 사유화된 자산인가?"라는 국가적 태도의 차이를 드러낸다. 미국과 중국은 민간과 정부가 유기적으로 연결되어 'AI 역량'을 국가 전략으로 총동원하고 있는 반면, 한국은 기술이 있어도 흐름을 만들지 못하는 '정지된 구조'에 갇혀 있는 셈이다.

AI는 기존의 산업과는 확연히 다르다. 시시각각으로 진화하고, 그 끝이 어디일지 아무도 예측하지 못한다. 가장 근본적인 차원의 AI 기술을 개발한 사람들조차도 이제는 이 기술이 어떻게 계속 진화하고 있는지 명쾌하게 설명하지 못하고 있다. 마치 양자역학을 모두가 완벽히 이해하지 못하면서도 받아들이는 것과 비슷하다. 그나마 대체로 모두가 동의하는 사실은 계속되는 수많은 사용 사례의 수집이 AI의 학습과 진화를 돕는다는 것이다. 거대한 데이터센터와 수없이 많은 GPU가 필요한 이유이다. 최첨단 기기와 정교한 마이크로 기술을 대규모로 동원하는 방식은 역설적으로 꽤 아날로그한 접근이 아닐 수 없다. 어쨌든, 이러한 방식을 사용할 정도로 방대한 데이터의 수집이 중요하다는 사실을 인정한다면, 앞서 얘기한 한국의 폐쇄적인 접근 방식은 단언컨대 필패다. 민간 기업은 기존처럼 자신만의 생산품으로 AI 기술을 인식해서는 안 되고, 정부 역시 국가의 1순위 전략 차원에서 민간 기업과 함께 개발해야 한다. 엄청난 투자가 필요할 것이다. 생각해 보자. 지금 이 순간에도 쌓이고 있는 방대한 데이터들과 실시간 진화하는 기술, 그리고 벌써 10년에 이르고 있는 격차를 근본적으로 따라잡아야 한다. 초등학생이 실력으로 대학생을 따라잡아야 한다. 불가능해 보이지만 하기로 마음먹었다면, 과연 어떠한 투자가 필요할까? 얼마의 시간이 필요할까?

에너지 구조의 취약성

에너지는 국가의 산업, 안보, 생활을 지탱하는 가장 기본적인 인프라다. 그러나 한국은 여전히 에너지 전략에서 일관성과 주도성을 확보하지 못한 채 표류하는 중이다. 석탄과 LNG에 대한 높은 의존도, 탈원전과 원전 회귀 사이를 오가는 정책 혼란, 재생에너지 도입의 미진함까지, 한국은 지금 에너지 체계의 방향성을 설정하지 못하고 있다.

재생에너지는 미래 전략임에도 불구하고, 한국은 지리적 제약, 정책 신뢰 부족, 민간 투자 유인의 부재로 인해 전환 속도가 더디다. 2023년 기준 한국의 전체 전력 생산 중 재생에너지가 차지하는 비중은 약 9.5%로, OECD 평균 30%의 1/3 수준에 불과하다. 같은 해 독일은 51%, 덴마크는 60% 이상, 스페인은 50%를 넘어섰다. 이는 단순한 기술력의 차이가 아니라 정책과 사회적 합의 수준의 차이에서 비롯된다.

한국은 풍력 및 태양광 발전 입지를 둘러싼 주민 반대, 지자체 인허가 지연, 환경영향평가 중복 등의 절차적 장벽으로 인해 민간 투자가 위축되고 있다. 강원도 평창에 계획된 30MW급 풍력발전 단지는 2020년부터 인허가 절차에 들어갔지만, 주민 반대와 환경영향평가 충돌로 인해 2024년 현재까지 착공조차 못 하고 있다. 사업자는 2년 넘게 투자비 회수에 대한 불확실성에 시달리며 계획을 전면 재검토 중이다. 이처럼 불투명한 인허가 구조는 장기적인 투자 계획을 어렵게 만들며, 에너지 전환에 대한 신뢰를 떨어뜨린다.

이러한 규제와 혼선은 결국 전력 공급의 불안정성과 전기 요금 인상으로 이어진다. 실제로 2023년 한 해 동안 한국의 전기 요금은 네 차례 인상되었고, 중소기업과 자영업자들은 에너지 비용 부담으로 인해 생산 단가를 조정하거나 운영을 축소해야 하는 사례가 증가했다. 경기도 시화공단의 한 금속 가공 업체는 2023년 기준 전기 요금이 전년 대비 27% 상승하면서, 야간 가동조차 유지하기 어려운 상황에 처했다. 기존 3교대 운영을 2교대로 줄이고, 일부 설비는 가동을 멈췄다. 사업주는 "이제 기술 문제가 아니라 전기료가 공장을 멈추게 한다"고 말했다.

국제 시장 가격의 변동성 또한 한국의 에너지 안정성에 직접적인 영향을 미친다. 2022~2023년 동안 국제 유가와 LNG 가격의 급등은 한국의 전력 공급 원가를 밀어 올렸고, 에너지 공기업의 적자 누적과 요금 현실화 논란을 낳았다. 2023년 기준 한국의 전체 에너지 수입 의존도는 약 94%에 달하며, 이는 주요 선진국 중 가장 높은 수준이다. 이처럼 해외 수입 의존이 절대적인 구조에서는 지정학적 리스크가 곧바로 전기 요금과 생산비, 생활비 상승으로 이어진다.

한편, 해외에서는 지역 주도형 에너지 전환 사례가 늘고 있다. 독일 프라이부르크는 시민 에너지 협동조합이 태양광 및 풍력 발전 시설을 주도적으로 설치해 도시 전력의 절반 이상을 재생에너지로 충당하며, 이 수익은 다시 지역사회에 환원된다. 초등학교, 병원, 주차장 등 도심 기반 시설이 재생 에너지 설비와 결합해 에너지 자립률을 점차 끌어올리는 중이다. 일본 나가노현의 이이다시도 2030년까지 100% 재생에너지 전환을 목표로, 지역 내 수력·태양광 발전소를 직접 설계하고 운영하는 실험을 이어가고 있다.

한국은 지금 기술과 산업은 물론, 생존을 위한 에너지 기반에서도 주체성을 상실할 위기에 있다. 에너지 문제는 더 이상 환경 이슈가 아니라, 국가 생존을 결정짓는 구조적 문제다.

인구와 감정 구조의 붕괴

인구는 사회의 에너지이고, 감정은 사회의 방향이다. 그러나 지금 한국은 이 두 가지를 동시에 잃어가고 있다. 출산율은 세계 최저 수준인

0.72명(2023년)을 기록하며, 수도권을 제외한 다수의 지방 도시에서는 2040년 이전에 행정 단위가 사라질 수 있다는 시뮬레이션도 나온다. 단지 인구 수의 감소만이 아니다. 이 현상은 곧 사회의 재생 능력, 즉 미래를 만들 힘의 소멸을 의미한다.

보건사회연구원의 2023년 조사에 따르면, 20~34세 청년 중 42.5%는 "결혼할 생각이 없다"고 응답했고, 그중 절반 이상은 "아이를 가질 이유가 없다"고 말했다. 이 숫자 뒤에는 단순한 경제적 어려움만이 아니라, 감정적으로 소진된 한 세대의 집단적 선택이 존재한다. '아이를 낳는 것보다, 내 삶을 지키는 것이 먼저'라는 식의 자기방어는 어느새 주류의 감정이 되었다.

서울의 한 청년 1인 가구는 월세 60만 원짜리 반지하에서 살며, 주 6일 아르바이트와 배달 일을 병행한다. 20대 후반의 이 청년은 "1년 내내 일해도, 결국 다음 달 월세를 걱정하게 된다"고 말한다. 연애와 결혼은 생각의 우선순위에서 지워진 지 오래다. 미래라는 것이 확장의 대상이 아니라, 그저 버텨야 하는 짐이 된 것이다. 청년 우울, 정신 건강 문제는 매년 증가하고 있다. 2023년 기준, 청년층(20~34세)의 우울 경험률은 28.4%로, 전체 인구 평균보다 두 배 이상 높다. 정신건강복지센터의 방문 통계에 따르면, 2023년 청년 이용자 수는 5년 전보다 세 배 이상 증가했다. 하지만 이들 중 절반 이상은 실질적인 상담이나 치료 연계를 받지 못하고 있다. 마음의 고장도 제때 고치지 못한다.

중년은 과로와 생존 피로 속에서 조용히 무너지고 있다. 가족을 책임지고, 가계 대출을 갚으며, 언제까지 고용이 지속될지 알 수 없는 불안 속에서 살아간다. 통계청에 따르면 40~50대 직장인의 평균 노동시간은 OECD 평균보다 약 15% 높으며, 과로사 판정을 받은 노동자의 65%가 이 연령대에 속한다. 정년이 다가올수록 그 불안은 더욱 가중된다. 은퇴 후를 설계하는 것보다, 내일을 무사히 넘기길 바라는 심정이 더 크다. 익명의 누군가로, 통계 속의 한 점으로 살아가는 것이 삶의 전부가 된다. 한때는 '가장의 책임'이 자부심이었다면, 지금은 그 책임이 짐이 되어 어깨를 짓누른다.

노년은 계속 늘어가고 있지만 누구도 그들을 온전히 돌보지 않는다. 2022년 기준, 65세 이상 독거노인은 약 170만 명에 달하며, 그중 고독사 위험군으로 분류되는 인구는 약 30만 명에 이른다. 노인 빈곤율은 여전히 OECD 1위 수준이며, 연금 외 소득이 없는 고령층은 전체의 절반 이상이다. '장수'가 축복이던 시대는 끝났다. 경제적 고립과 정서적 소외가 많은 이들에게 두려움이 되고 있다.

이처럼 전 세대가 서로를 돕지도, 이해하지도 못한 채 각자의 불안을 끌어안고 살아간다. 청년은 부모 세대의 기준을 이해하지 못하고, 중년은 자녀 세대와의 대화를 포기하며, 노년은 아무에게도 기대지 못한다. 단절은 무관심으로, 무관심은 갈등으로 이어진다. 이는 공동체 전체의 정서적 기반을 약화시키고 결국 사회 구성원들의 분열로 이어진다. 2025년 한국리서치 '세대 인식 조사'에 따르면 한국인 열 명 중 여덟 명 이상이 세대 갈등을 심각하게 여기며, 특히 40대 이하의 절반 가까이는 윗세대의 생각을 이해하는 데 어려움을 겪는다고 답했고, 세대 갈등이 심각하다는 인식도 전체 84%에 달했다.

이러한 상황은 단순히 인구 구조의 변화로부터 발생한 문제가 아니다. 감정이 고립되고, 공동체가 무너질 때 사회는 지속 가능성을 잃게 된다. 즉, 우리가 직면한 위기는 단순한 기술이나 경제의 문제를 넘어, 인간의 감정이 상실되고 그로 인해 관계가 해체되는 데에서 비롯된다. 연결되지 않은 사회는 움직일 수 없다. 지금 한국은 점점 멈춰가고 있다.

질문을 바꾸기

우리는 지금 구조의 총체적 붕괴를 목격하고 있다. 산업의 침체, 인구 절벽, 기술적 지체는 현상의 일부일 뿐이다. 본질은 우리 사회를 지탱해 온 시스템 자체가 무너지고 있다는 사실이 문제의 본질이다. 이런 근본적인 위기는 단편적인 정책이나 효율성 개선만으로는 결코 해결할 수 없다. 이제는 문제를 해결하는 차원을 넘어, 문제의 근원인 낡은 구조를 완전히 새롭게 설계해야 할 때다.

그러기 위해, 우리는 질문부터 바꿔야 한다. "어떻게 따라잡을 것인가?"가 아니라, "어떻게 완전히 새로운 판을 짤 것인가?"로 말이다.

새로운 설계는 우리가 가진 가장 강력한 자원에서 출발해야 한다. 모든 고정관념을 내려놓고 지금 한국인의 욕망이 어디를 향하는지 직시할 필요가 있다. 공동체 의식, 윤리, 기술 발전도 중요하지만, 결국 해답은 우리의 근본적인 '강점'에서 시작되어야 한다. 현재 한국 사회를 움직이는 가장 원초적이고 강력한 에너지는 무엇일까?

돈이다.

사무실에서는 무기력하던 직장인도 주식 앱을 켜는 순간 놀라운 집중력을 발휘한다. 발달된 IT 인프라 덕분에 출퇴근길에도 투자가 일상이 되고, 그 과정에서 개인은 특정 기업이나 산업에 대해 준전문가 수준의 지식을 쌓는다. 부동산은 더 말할 것도 없다. 청약일에는 수만 명이 몰리고, 누구나 부동산 시세에 민감하며, 자신의 자산 가치를 지키기 위해 지역의 홍보대사처럼 발 벗고 나선다. 이는 특정 세대만의 현상이 아니다. 학생부터 노인까지, 투자는 이제 생존의 언어가 되었다.

한국인은 손익에 민감하고, 수익률에 빠르게 반응하며, 작은 수익이라도 스스로 만든 경험에서 강한 자기 효능감을 느낀다. 이것은 단순한 탐욕이 아니다. 이 사회가 오랜 결핍과 불안 속에서 진화시켜 온 감각이자, 집단 생존 본능의 결과다. 2021년 이후 국내에서는 MZ 세대를 중심으로 '소액 투자' 붐이 일었고, 수백만 명이 ETF·비트코인·해외 주식 플랫폼에 동시 진입했다. 1,000원 단위로 시작할 수 있는 투자 앱이 등장하자마자 폭발적인 다운로드를 기록했으며, 수익 인증 문화는 SNS를 통해 빠르게 퍼졌다. 단기 차익에 그치지 않고, '나도 뭔가를 잘하고 있다'는 감정이 중요해진 것이다.

또한 중고 거래 플랫폼이나 리셀 시장에서도 비슷한 현상이 나타난다. 아주 작고 일상적인 물건 하나를 팔고, 이익을 얻는 과정조차 하나의 '기획'과 '성과'로 인식된다. 이는 단순한 경제 활동을 넘어, 치열한 경쟁 사회에서 자신의 존재 가치와 생존 감각을 확인하는 행위인 것이다. 여기서 우리는 다시 한번 질문을 던져야 한다.

"이 막대한 에너지를, 이 집단적 감각을, 부정적인 탐욕으로 치부할 것이 아니라 새로운 사회의 동력으로 삼을 수는 없을까?"

 새로운 자산국가: 코리아 스탠다드

이것이 바로 자산국가라는 제안의 출발점이다. 돈에 민감한 한국인들은 자산에 예민하고, 손해에 분노하며, 수익에 강한 동기 부여를 받는다. 누군가는 이를 탐욕이라 말하고, 또 누군가는 불안에서 비롯된 과민 반응이라 말한다. 그러나 중요한 것은 이것이 단순한 개인의 성향이 아니라, 한 사회를 움직이는 집단적 감정 에너지라는 점이다. 어떤 사회는 공동체성에서 힘을 얻고, 어떤 사회는 규율에서, 또 어떤 사회는 신념에서 원동력을 얻는다. 한국 사회는 이례적일 만큼 '돈'이라는 감정에 구조적으로 반응한다. 그리고 바로 그 점에서, 자산국가 모델은 출발한다.

우리는 오랫동안 인간의 욕망을 억제해야 할 결함처럼 여겨왔다. 성찰하거나, 포기하거나, 교육으로 극복해야 할 대상으로 보았다. 그러나 자산국가는 거꾸로 묻는다. "왜 그 에너지를 억누르려 하는가?" "그것을 공동체 설계의 동력으로 만들 수는 없는가?" 욕망을 통제의 대상이 아닌, 설계의 대상으로 전환하는 것이다.

자산국가 시스템은 인간이 자신의 이익을 추구하는 존재라는 현실을 정직하게 인정하는 데서 시작한다. 그리고 그 욕망이 파괴적인 경쟁이 아닌, 창조적인 설계로 이어지도록 구조를 바꾼다. 돈을 추구하는 감각은 '사회적 기여에 대한 수익'으로 전환된다. 타인과의 제로섬 경쟁은 '공동의 목표를 설계하고 얻는 보상'으로 바뀐다. 소유의 결핍에서 오는 불안은 '기여를 통해 쌓이는 새로운 자산'으로 해소된다. 이 구조 안에서 개인은 기여를 통해 수익을 얻고, 더 나은 시스템을 제안하며 권한을 획득하고, 공동의 성장에 참여하며 자부심을 느낀다. 욕망은 그렇게 탐욕에서 기여로, 불안에서 참여로, 결핍에서 설계로 진화의 길을 걷게 된다.

이것은 국가가 부를 나누어 주는 복지 정책과 근본적으로 다르다. 복지가 '부족함을 채워주는 사후 보완 기제'라면, 자산국가는 '욕망의 흐름 자체를 바꾸는 사전 설계'다. 욕망을 받아들이고, 그 에너지를 자산 기반의 설계 시스템으로 유도한다. 국가는 부를 나누어 주는 시혜자가 아니라, 시민 각자의 욕망이 공동의 가치로 전환되는 구조의 플랫폼이 된다. 이것이 자산국가가 기존 국가 모델과 가장 뚜렷하게 구분되는 지점이다.

기존 자본주의는 욕망을 외부로 흘려보내 자본을 축적하고, 자본은 격차를 키우며, 격차는 갈등과 분열을 일으켜 구조를 약화시킨다. 그러나 자산국가는 기존 자본주의의 이 흐름을 내부에서 선순환 구조로 되돌린다.

욕망 → 기여 → 수익 → 참여 → 설계 → 존엄

이것은 욕망에 종말을 고하는 것이 아니다. 욕망이 더 세련된 형태로 진화하고, 사회 발전의 에너지로 승화되는 새로운 설계의 탄생을 의미한다. 욕망은 더 이상 사회를 무너뜨리는 불씨가 아니라, 모두를 다시 일으켜 세우는 불꽃이 된다. 그리고 역설적으로, 바로 그 지점에서 우리는 다시 인간다운 삶의 실마리를 찾게 될 것이다.

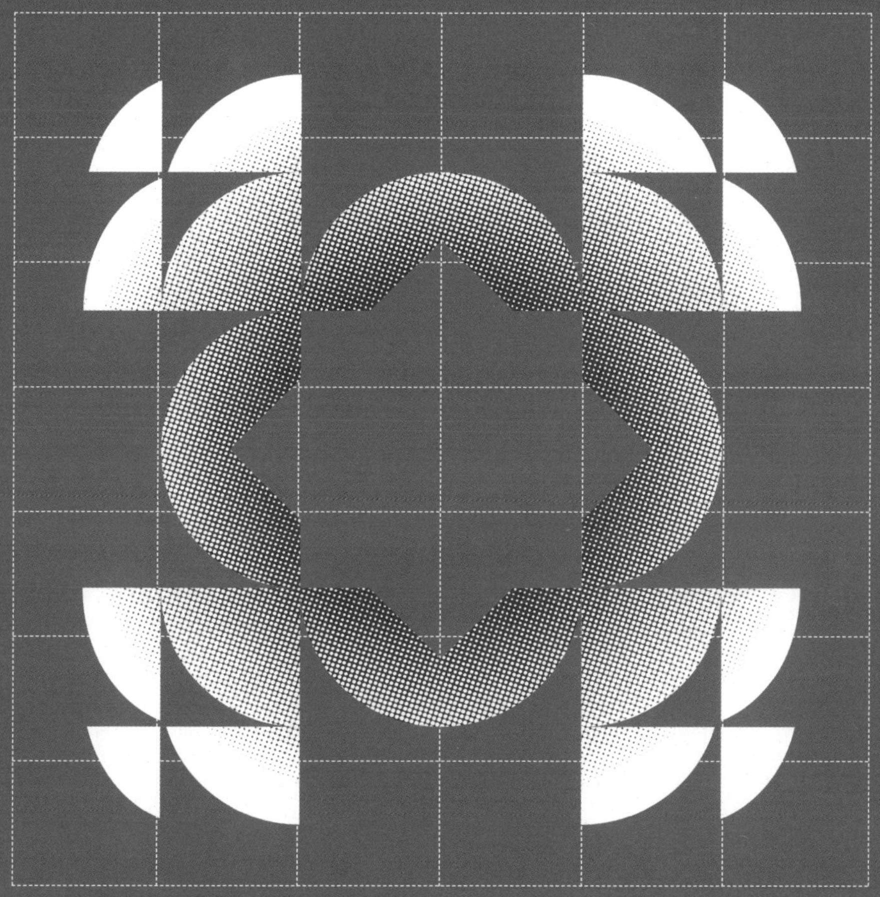

Chapter 2

왜 자산국가인가:
새로운 국가 구조의 설계

사실 우리가 직면한 진짜 위기는 단순히 기술 부족이나 인재 유출 같은 문제가 아니다. 본질은 방향을 잃은 시스템, 동기를 상실한 사회, 더 이상 작동하지 않는 구조 그 자체에 있다. 한국 사회는 위기를 만날 때마다 두 가지 수단에 의존해 왔다. 하나는 정부 주도의 산업 육성, 다른 하나는 복지 확장이다. 그러나 시간이 지날수록 이 두 방식 모두 한계를 드러냈다. 산업 육성은 소수 대기업 중심으로 왜곡되고, 복지는 오히려 사회적 낙인을 강화하는 방식으로 변질되었다. 정책이 현실을 제대로 반영하지 못하고 성장의 혜택이 소수에게 편중되자, 결국 시민들은 각박한 생존 경쟁 속에서 스스로 살아남아야 하는 각자도생의 상황으로 내몰리고 있다. 불균형은 더욱 깊어지고, 사회적 신뢰는 갈수록 무너지고 있다.

이제 필요한 것은 더 많은 지원이나 더 나은 정책이 아니다. 문제 자체를 반복하지 않는, 완전히 새로운 구조가 필요하다.

한국인의 에너지: 돈에 대한 집념

한국인은 '돈'이라는 감각에 유독 민감하게 반응한다. 2023년 한국은 행과 금융감독원이 발표한 자료에 따르면, 한국 가계의 금융 자산 중 주식과 펀드 비중은 5년 사이 16%에서 23%로 증가했다. 2030세대의 암호 화폐 투자 경험률은 40%를 넘었고, 20대의 약 15%는 "단기 투자 수익으로 생활비를 보전한 적이 있다"고 응답했다. 또한 2022년 통계청 조사에 따르면, 부동산을 '가장 안정적인 자산'이라 여긴다는 응답은 국민 전체의 74%에 달했다. 이 중 60대 이상 고령층의 경우 81%가 부동산을 유일한 노후 보장 수단으로 인식하고 있었다.

구체적인 장면은 곳곳에서 드러난다. 직장인은 점심시간마다 증권 앱을 확인하고, 중고등학생은 "요즘은 주식 공부는 기본"이라고 말한다. 고등학생을 위한 주식 실전 투자 동아리는 전국에 200곳 이상이며, 60대 이상 투자자 비율은 2023년 기준 전체 개미 투자자의 19%를 차지한다. 누군가는 작은 수익을 경험하며 '경제적 자존감'을 회복하고, 누군가는 부모 세대보다 먼저 주식 시장에 발을 들인 20살 대학생이 되어 있다.

이 모든 현상은 단순한 '탐욕'이 아니다. 돈에 대한 집념은 현실과 미래의 불안을 해소하기 위한 감정으로부터 발현된 기술이며, 작은 수익이라도 스스로 만든 경험에서 생기는 자기 효능감은 이 사회를 움직이는 감정적 연료다. 결국 한국인은 '돈을 벌고자 하는 의지'와 '투자에 대한 감정적 몰입력'에 있어, 세계 최고 수준의 속도와 밀도를 보여주는 집단이다. 그리고 바로 이러한 특성이 자산 기반 사회를 설계하는 데 가장 강력한 토대가 된다.

자산국가란 무엇인가

자산국가는 기존의 '산업-노동-재분배' 구조와 본질적으로 다르다. 기존 국가는 국민이 노동을 통해 생산에 기여하고, 국가는 세금과 복지를 통해 그 일부를 재분배한다. 이 모델은 '일한 만큼 받고, 낸 만큼 나눠 가진다'는 근대적 계약의 틀 위에 서 있다. 그러나 자산국가는 국민이 자산의 일부를 직접 설계하고 운영함으로써, 생산과 분배를 넘어 자본의 흐름 자체를 기획하고 전략적으로 개입한다. 이는 단순히 기본소득을 나누는 것이 아니다. 국민이 소유자, 설계자, 투자자가 되는 시스템이다.

자산은 단순히 보유한다고 해서 가치가 생기지 않는다. 운영과 기획, 선택과 협업, 그리고 책임이 결합될 때 비로소 자산은 실질적인 힘을 갖게 된다. 따라서 자산국가는 경제적 구조를 넘어, 공동체의 정체성과 감정 구조까지 함께 설계하는 플랫폼이다. 요컨대, 자산국가는 한국인이 가진 돈에 대한 본능적 감각을 투기나 소비로 소진하는 대신, 공동 설계와 전략적 투자로 승화하려는 국가적 실험이다. 그리고

　　　　　　　새로운 자산국가: 코리아 스탠다드

그 실험은, 생존이 아니라 존엄을 향한 집단적 진화를 목표로 한다.

기존 국가 구조 vs 자산국가

기존 산업국가와 자산국가의 차이는 단순한 제도적 차이가 아니라, 삶을 바라보는 인식 구조 전체를 바꾸는 근본적인 프레임 전환이다. 기존 산업국가가 '노동'과 '생산'이라는 물리적 활동을 중심으로 설계되었다면, 자산국가는 '자산 설계와 운용'을 중심으로 구성된다.

기존 산업국가에서 국민은 일하고, 세금을 납부하며, 정부가 결정한 복지 정책을 기다리는 존재였다. 이 구조에서는 노력과 희생이 강조되고, 보상은 외부로부터 주어지는 조건부 선물처럼 인식된다. 개인은 자신의 삶을 주도하는 것이 아니라, 주어진 시스템 안에서 버티고 적응하는 데 초점을 맞춘다. 반면 자산국가에서 국민은 이와 같은 수동적인 생산자에 그치지 않고, 자산의 흐름을 함께 기획하고 운영하는 공동 설계자로 그 역할이 확장된다. 여기서는 노동만이 아니라 아이디어, 시간, 신뢰, 기여 자체가 자산이 된다. 그리고 그 기여는 직접 수익으로 환원되거나, 공동체의 자산 가치를 키우는 방식으로 연결된다.

가장 본질적인 변화는 감정 구조에 있다. 기존에는 의무를 다하고, 정부나 기업으로부터 보상을 '기대'했다. 하지만 자산국가에서는 자신의 선택과 기여가 직접 공동체의 설계에 반영되고, 그 결과를 스스로 책임지는 경험을 하게 된다. '주는 사람'과 '받는 사람'이라는 수직적 관계 대신, '함께 설계하는 동료'라는 수평적 관계가 생긴다. 이 변화는 단순히 정책 수혜자의 역할을 넘어, 국가와 국민 사이에 맺어졌던 감정적 계약 자체를 다시 쓰는 일이다. 국민은 더 이상 보호받아야 할 대상이 아니라, 함께 미래를 설계하고 성장하는 주체가 된다.

작동 원리에서 기존 산업국가가 생산과 노동에 기반한다면, 자산국가는 자산 운용과 설계에 기반한다. 분배 구조 역시 세금에서 복지로 이어지는 수직적 흐름 대신, 수익에서 참여 배당으로 이어지는 순환적 흐름을 만든다. 국민의 위치는 근로자, 납세자에서 투자자, 설계자로 바뀌고, 보상의 방식은 보전적 복지에서 창의적 기여 보상으로 변화한다. 감정 구조는 의무에서 보상으로 이어지는 외재적 동기 대신, 선택에서 책임과 자부심으로 이어지는 내재적 동기를 형성한다.

이는 곧 삶을 대하는 태도, 공동체에 대한 기대, 자신의 역할에 대한 인식 자체를 근본적으로 변화시키는 설계다. 그리고 이것이 바로 자산국가가 단순한 경제 모델이 아니라, 새로운 국가 철학이 되어야 하는 이유다.

동기를 설계하는 구조

모든 시스템은 '행동의 이유'를 필요로 한다. 그러나 기존 국가는 그 이유, 즉 동기를 충분히 구조화하지 못했다. 교육은 경쟁과 순응에 의존하고, 복지는 수혜를 기다리는 수동성에 머문다. 일자리는 고용주의 판단에 따라 주어지고, 사회 참여는 점점 더 피로와 무력감 속에 갇힌다.

자산국가는 이 동기를 완전히 다르게 설계한다. '소유'와 '설계'를

　　　　　　　　　　　　　새로운 자산국가: 코리아 스탠다드

국가 운영의 중심축으로 삼고, 국민 개개인에게 선택권과 기여권을 동시에 부여한다. 국민이 국가의 자산을 함께 소유하고, 그 자산을 어떻게 운영할지 결정하는 과정에 직접 참여하도록 하는 것이다. 이를 통해 국민 각자는 단순한 정책의 수혜자가 아니라, 국가의 공동 설계자이자 기여자가 된다. 그러나 이것만으로는 충분하지 않다. 국민이 자신의 기여가 실질적인 수익이나 가시적인 성과로 연결되는 경험을 해야만, 내부에서 자발적 동기가 생성된다.

자산국가는 기여에서 성과로, 성과에서 보상으로, 보상은 곧 자발적인 재참여로 이어지는 순환 구조를 설계함으로써, 참여를 외부 강제가 아닌 스스로 지속하고 싶은 감정으로 바꾼다. 자산을 설계한다는 것은 단지 돈을 분배하는 것이 아니다. '우리가 어떤 미래에 가치를 둘 것인가'를 집단적으로 결정하는 과정이다. 국가는 더 이상 모든 것을 나눠주는 존재가 아니다. 이제 국가는 국민이 직접 설계하고 기여하며 얻은 성과를 통해 스스로 동기를 느낄 수 있도록, 그 과정을 투명하게 연결해 주는 촉진자가 된다.

이것이 자산국가의 핵심이다. 구조가 인간을 조종하는 것이 아니라, 인간의 욕망과 감정을 '설계적 동기'로 전환하는 방식이다. 욕망과 감정을 참여로 이끌고, 참여의 보상과 결과를 통해 자연스러운 재참여를 유도하여 더 나은 구조를 설계한다. 이것은 곧, 인간 감정의 진화이자, 새로운 국가 운영의 시작이다.

자산국가의 구성 요소

1. 참여형 자산 계좌

자산국가는 국민을 단순한 납세자나 수혜자로 바라보지 않는다. 국민 개개인이 자산의 일부를 직접 설계하고, 운용하며, 그 결과를 함께 나누는 구조를 지향한다. 이 참여의 출발점이 바로 '참여형 자산 계좌'이다. 참여형 자산 계좌는 국민 모두에게 초기 자산을 부여하고, 이를 활용하여 공공 프로젝트, 지역 사업, 미래 산업에 직접 투자하고, 투표하고, 성과를 공유할 수 있도록 설계된다. 이 계좌는 단순한 현금 지급이 아니라, 국민이 자산의 흐름을 스스로 선택하고 조정할 수 있도록 설계된 하나의 작은 주권이다.

이 계좌는 세 가지 기능을 갖는다. 첫째, 자산 운용 방향에 대해 직접 투표할 수 있고, 둘째, 자신이 중요하다고 생각하는 프로젝트나 산업에 투자할 수 있으며, 셋째, 투자 성과에 따라 수익을 공유하거나, 공동체 자산 가치를 함께 키워 나가는 데 기여한다.

핀란드의 기본 소득 실험(2017~2018)은 무작위로 선발된 2,000명의 실업자에게 매달 560유로를 지급하며, 기본적 자산 안정성이 인간의 삶에 미치는 영향을 관찰했다. 그 결과, 수급자들의 삶의 만족도와 정신적 안정감이 눈에 띄게 높아졌고, 일부는 창업, 학업, 자발적 노동에 뛰어드는 등 삶의 패턴이 긍정적으로 변화했다. 이 실험은 국가가 기본적 자산을 보장했을 때, 인간의 심리와 행동이 어떻게 달라질 수 있는지를 보여주는 중요한 사례가 되었다. 또 다른 사례인 미국 알래스카주의 영구 기금은 석유 수익을 기반으로 모든 주민에게 매년 일정 금액을 배당해 왔다. 이는 단순한 소득 보전을 넘어, "우리가 이 땅의 자산을 함께 소유하고 있다"는 감각을 주민들에게 심어주었다. 주민들은 자산 분배에 대한 신뢰를 가질 수 있었고, 이는 정치적 만족도와 지역 공동체에 대한 소속감을 높이는 데 기여했다.

그러나 이 두 모델은 어디까지나 '수동적 수혜'에 머무르는 구조였다. 국민이 자산의 흐름에 직접 관여하거나 설계에 참여하는 권한까지 나아가지는 못했다. 자산국가는 이 지점에서 한 걸음 더 나아간다. 자산국가에서의 참여형 자산 계좌는 자산을 단순히 '받는 것'이 아니라, "어디에, 어떻게, 무엇을 위해 투자할 것인가"를 국민 스스로 선택하는 구조를 목표로 한다. 국민은 자신의 계좌를 통해 지역 공동체 프로젝트에 투자할 수도 있고, 친환경 에너지나 미래 기술 분야를 지원할 수도 있으며, 사회적 가치가 높은 사업을 공동 설계할 수도 있다. 성과는 모두에게 투명하게 공개되며, 투자에 따른 수익은 다시 국민 각자에게 환원된다. 이 과정은 금전적 이익을 넘어서, "내가 이 나라의 공동 설계자다"라는 감정적 소속감을 만들어낸다. 소유를 통한 권한, 설계를 통한 책임, 그리고 성과를 통한 자부심이 자산국가가 꿈꾸는 시민의 새로운 역할이다.

2. 지역 기반 자산 플랫폼

각 지방 자치 단체나 커뮤니티 단위로 자산 플랫폼을 구축하고, 주민들이 직접 설계, 참여, 집행할 수 있는 구조를 만든다. 이런 지역 기반 자산 플랫폼의 가능성은 이미 여러 나라에서 부분적으로 실험된 바 있다. 예를 들어, 일본 도야마현은 고령화가 심각한 지역에서 폐교와 유휴 공공시설을 리모델링하여 커뮤니티 창업 공간, 고령자 복지 센터, 지역 공동 농장으로 전환하는 프로젝트를 추진했다. 이를 통해 노령화 속에서도 지역 소득과 공동체 유대가 유지되었고, 주민 스스로 지역의 미래를 설계하고 관리하는 감각을 형성했다.

또 다른 사례로, 영국 브리스톨시는 '브리스톨 파운드'라는 지역 화폐를 도입했다. 이 실험은 단순히 지역 통화를 도입한 것이 아니라, 지역 내 자산의 흐름을 주민 스스로 설계하고 관리하는 구조를 만드는 데 초점을 맞추었다. 브리스톨 파운드를 통해 지역 내 상점, 서비스, 기업 간의 거래를 촉진하여 자본의 지역 순환율을 약 20% 이상 끌어올렸으며, 이를 기반으로 공유 작업 공간, 협동 투자 모델, 지역 프로젝트 지원 사업 등 다양한 형태의 자산 설계 실험으로 확장했다.

한국에서도 이와 유사한 움직임이 있었다. 성남시는 '주민 참여형 태양광 협동조합'을 통해 주민들이 직접 자금을 출자하여 공공 태양광 발전소를 설계하고 운영하게 했다. 이 모델은 단순한 수혜가 아니라, 지역 자산에 대한 실질적 소유와 참여를 통해 수익을 공유하는 구조를 만들었다. 공공 자산이 더 이상 국가나 지방정부 소유의 고정 자산으로 머무는 것이 아닌, 주민 스스로 운영하고 성장시키는 '살아 있는 자산'이 된 사례였다.

자산국가의 자산은 강제적 공유가 아니라 자발적 기여와 투명한 설계로 살아 움직이는 구조적 자산이다. 국가나 정부가 모든 것을 통제하는 것이 아니라, 주민이 스스로 참여하고 운영하며, 그 과정에서 기여한 만큼의 권리와 보상을 경험한다. 이것은 공산주의의 획일적 분배와 근본적으로 다른 점이며, 자산국가가 자율과 책임, 그리고 설계된 공공성을 동시에 추구할 수 있는 이유다.

또한, 자산 플랫폼은 단지 지역 경제를 살리는 것이 아니라, "내가 이 지역의 설계와 운영에 참여할 수 있다"는 동기와 자부심을 형성하는 장치다. 플랫폼은 곧 정서적 근거지가 되고, 자산은 공동체를 다시 엮어내는 정서적 인프라가 된다. 자산국가의 지역 단위 모델은 바로 이러한 실험들을 하나의 체계로 연결하고 확장하는 작업이다.

3. 국부 펀드형 구조

자산국가를 실현하기 위한 또 하나의 핵심 축은 '국부 펀드형 구조'다. 자산국가 모델에서 지역 기반 자산 플랫폼이 '생활권 단위'의 설계와 참여를 촉진한다면, 국부 펀드형 구조는 국가 전체의 장기적 성장성과 안정성을 관리하는 역할을 한다. 이는 국가 단위에서 장기 자산을 전략적으로 운용하고, 그 수익을 국민과 공유하는 시스템을 의미한다. 단순히 재정을 관리하는 차원을 넘어, 국민이 공동 투자자이자 미래 성장의 동반자가 되는 구조다.

대표적인 사례는 노르웨이의 정부 연금 펀드이다. 노르웨이는 1990년대 초에 북해 석유 수익을 단기 소비에 쓰지 않고, 미래 세대를 위해 축적할 필요성을 인식했다. 이로써 조성된 정부 연금 펀드는 2023년 기준 약 1조 5천억 달러를 운용하고 있다. 펀드는 전 세계 주식, 채권, 부동산 등에 광범위하게 분산 투자하고 있으며, 연평균 5~6%대의 안정적인 수익률을 기록해 왔다. 운용 과정은 철저히 투명하게 관리된다. 매년 수익률, 투자 포트폴리오, 산업별 투자 비율 등을 대외에 공개하며, 의회와 시민사회도 감독 기능을 수행한다. 이 수익은 단순히 국가 재정에 귀속되지 않는다. 연금 재정 안정화, 복지 지출 보완, 세금 인상 억제 등 다양한 방식으로 국민 전체에게 환원되고 있다. 덕분에 노르웨이는 고령화와 복지 수요 증가에도 불구하고 재정 건전성을 유지하고 있으며, 국민 사이에서도 '국가 자산에 대한 공동 주인 의식'이 자연스럽게 자리 잡았다.

싱가포르의 테마섹 모델은 또 다른 유형을 보여준다. 테마섹은 단순한 국부 펀드가 아니라, 전략적 투자 회사의 성격을 지닌다. 국가가 100% 지분을 보유하고 있지만, 독립적으로 운용되며, 첨단 기술, 바이오산업, 에너지 전환, 글로벌 인프라 분야에 적극적으로 장기 투자하고 있다. 2022년 기준 테마섹의 연평균 수익률은 약 14%에 이른다. 테마섹의 수익은 정부 재정에 직접적으로 유입되어, 사회기반시설, 의료·교육 예산 등 다양한 공공 투자 재원으로 활용된다. 동시에 테마섹은 싱가포르 전체 경제 구조를 신산업 중심으로 전환하는 엔진 역할을 한다. 즉, 단순 수익 창출을 넘어서 '국가 산업 전반의 미래 설계자' 역할을 수행하는 셈이다.

이 두 사례는 모두 자산국가 모델의 핵심 철학에 부합한다. 국민은 단순한 복지 수혜자가 아니라, 국가 자산의 성과를 함께 누리는 주체로 자리한다. 국가는 단기 생존이 아니라 장기 성장에 투자하고, 국민은 '국가가 잘되면 나도 함께 성장한다'는 인식을 실질적 경험으로 체득하게 된다. 이는 단순히 돈을 벌어 분배하는 구조가 아니다. 자산국가는 차라리, 미래에 대한 공동 책임과 공동 이익의 구조를 만들어내는 것이다. 그러나 여기서 말하는 '공동 소유'는 흔히 오해되는 의미의 공유 경제나 공산주의적 모델과는 다르다. 이러한 구조에서 국민이

　　　　　　　　　새로운 자산국가: 코리아 스탠다드

직접 펀드에 투자하거나 지분을 보유하는 것은 아니다. 법적으로 펀드는 국가가 100% 소유하고 운용한다. 그러나 중요한 것은 '소유의 명의'가 아니라 '수익의 귀속과 운용의 원리'다. 펀드의 수익은 국민에게 직접 분배되지 않더라도, 복지 재정 보완, 세금 경감, 사회 기반 확충 등 국민의 삶을 실질적으로 개선하는 방식으로 환원된다. 즉, 국민은 법적 소유자가 아니라 경제적·제도적 의미에서의 공동 소유자로서, 국가 자산의 성과를 함께 체감하고 그 이익을 공유한다.

자산국가가 지향하는 모델은 여기서 한 걸음 더 나아간다. 국가가 대신 운영하는 '대리 소유'의 단계에 머무는 것이 아니라, 국민이 자산 운용의 방향과 원칙, 감시와 피드백 과정에 직접 참여할 수 있는 설계 구조를 만드는 것이다. 그때 국가는 단순한 자산 관리자에서 공동자산의 운용 설계자로, 국민은 수혜자가 아닌 실질적 이해 당사자이자 기여자로 자리 잡는다. 이것이 자산국가가 말하는 '공유'의 본질이다. 소유의 집중이 아니라, 운영과 책임의 분산을 통해 지속 가능한 공동체적 부를 만들어가는 새로운 형태의 공유다.

4. 협동적 의사결정 시스템

자산국가는 자산을 모으고 운용하는 것에 그치지 않는다. 가장 중요한 차별성은 국민이 그 흐름을 직접 설계한다는 점에 있다. 이를 위해 자산국가는 '협동적 의사결정 시스템'을 핵심 요소로 삼는다. 자산의 배분, 투자 결정, 회수 기준 등을 국가나 관료가 일방적으로 정하는 것이 아니라, 국민 스스로가 집단적으로 논의하고 결정하는 구조다. 이 과정은 디지털 기반 플랫폼을 통해 투명하고 유연하게 진행된다.

구체적인 사례로는 스위스의 주민참여예산제가 있다. 스위스는 연방제 국가 특성상 지역 단위 자율성이 강한데, 각 주와 시가 예산의 일정 비율을 주민 참여를 통해 결정하도록 제도화했다. 바젤주의 경우, 2022년 한 해 동안 주민의 약 6%가 디지털 플랫폼에 접속하여 구체적인 예산 사용처를 제안하고, 우선순위를 투표로 결정했다. 이는 단순히 '예산 감시'를 넘어서, '공공 프로젝트를 공동 기획하는 시민'을 만들어내는 구조였다. 즉, 시민들은 세금이 어디에 쓰이는지를 수동적으로 확인하는 데 그치지 않고, 예산 설계의 초기 단계부터 직접 참여했다. 이 과정에서 시민들은 '내가 이 도시에 기여했다'는 강한 주체성을 경험했고, 이는 제도에 대한 신뢰와 애착으로 이어졌다.

또 다른 사례로는 블록체인 기술을 활용한 DAO(탈중앙화 자율조직)가 있다. 2023년 기준, 전 세계적으로 5천 개 이상의 DAO가 운영되고 있으며, NFT 커뮤니티, 지역 통화 프로젝트, 사회적 기여 활동 등 다양한 분야에서 실험되고 있다. DAO 사례들은 자산국가가 지향하는 '참여와 설계' 구조가 현실에서 어떻게 작동할 수 있는지를 보여준다. 예를 들어, 탈중앙화 금융 분야의 대표적인 DAO인 Uniswap은 수십억 달러 규모의 자산을 커뮤니티 투표를 통해 운영하고 있으며, ENS DAO는 이더리움 기반 도메인 시스템을 사용자들의 직접 의결로 유지해 나간다. 미국 와이오밍주의 CityDAO는 물리적 토지를 디지털 기반 거버넌스로 관리하는 실험을 시작하며, 자산의 물리적 관리마저 집단적 의사결정으로 전환하려는 시도를 보여주고 있다.

DAO는 누구나 새로운 프로젝트를 제안할 수 있고, 토큰 기반 투표를 통해 자산 운용이나 프로젝트 방향을 공동 결정한다. 이 시스템

    새로운 자산국가: 코리아 스탠다드

은 소수의 중앙 조직이 통제하는 대신, "기여한 만큼 결정권을 가진다"는 원칙에 기반하여 운영된다. 이러한 DAO의 확산은, "자산은 중앙이 아니라, 집단 설계와 판단에 의해 운용될 수 있다"는 가능성을 입증하고 있다. 또한, 블록체인 기술 역시 자산국가가 전제하는 개인의 자발적 참여, 투명한 기록, 공동 설계 구조를 현실화하는 도구로서 강력한 가능성을 가지고 있음을 알 수 있다.

이와 같은 사례들이 보여주는 것은 명확하다. '결정권'은 단순한 권리가 아니라, 몰입과 책임을 동시에 이끌어내는 감정적 동력이라는 점이다. 사람들은 누군가가 정해준 정책을 수동적으로 따를 때보다, 자신이 참여해 직접 설계한 결과물에 훨씬 더 강하게 몰입한다. "내가 기여했다", "내가 결정했다"는 감각은 단순한 수익보다 더 지속적이고 강력한 동기를 만들어낸다. 자산국가가 지향하는 것은 바로 이러한 구조다. 시민을 단순한 투표자나 수혜자가 아니라, 집단 설계와 조율을 리드할 수 있는 주체로 성장시키는 것이다. '자산'이라는 경제적 기반 위에 '설계권'이라는 감정적 기반을 얹어, 공동체적 자부심과 전략적 책임감을 동시에 키우는 시스템을 만드는 것이다.

5. 교육과 실험 시스템

국민 누구나 자산 설계에 참여할 수 있도록 지속적인 금융·사회·기술 학습 시스템과 시뮬레이션 공간을 갖춰야 한다. 자산국가는 단순히 제도를 제공하는 것만으로는 작동할 수 없다. 모든 국민이 자산의 흐름을 이해하고, 설계에 참여하며, 전략적으로 선택할 수 있는 역량을 갖춰야 한다. 이를 위해 필요한 것은 '지속적 학습'과 '실제 실험'이다.

에스토니아는 이 방향성을 일찍 실현한 국가 중 하나다. 세계 최초로 디지털 시민권을 도입하고, 초등학교부터 고등교육까지 디지털 리터러시를 핵심 교과 과정에 포함시켰다. 단순한 컴퓨터 활용 능력을 넘어, 정보를 찾고, 평가하며, 창의적으로 활용하고, 책임 있게 소통하는 능력까지 국민 전체가 디지털 환경 속에서 '참여하는 주체'로 성장할 수 있도록 설계했다. 그 결과, 2022년 기준 에스토니아는 전자정부 활용률 99%, 국민의 70% 이상이 온라인으로 정책 제안 및 투표에 참여한 경험을 갖는 놀라운 참여율을 기록했다. 이러한 성과는 기술 인프라를 넘어 국민의 참여 역량이 갖춰졌기에 가능했다.

영국의 시민 예산 샌드박스 프로그램 역시 눈여겨볼 사례다. 영국 일부 지방정부는 지역 단위로 시민에게 일정 금액의 예산 권한을 위임하고, 시민 스스로 예산을 설계하고 집행하는 실험을 반복했다. 이 과정에서 시행착오와 실패조차도 기록하고 학습 자산으로 남겼으며, 이를 기반으로 참여형 정책 설계 모델을 전국적으로 확산시키는 데 성공했다. 한국 역시 최근 '청소년 금융교육 의무화 로드맵'을 수립하고, 청년 대상 디지털 자산 시뮬레이터 개발을 추진하고 있다. 다만 아직은 교육 범위와 심화 정도에서 초기 단계에 머물러 있어, 자산 설계 참여 역량을 체계적으로 키우는 장기 로드맵이 추가로 필요하다.

자산국가는 단숨에 도입할 수 있는 시스템이 아니다. 그러나 '작은 학습'과 '작은 실험'의 반복은 결국 국민의 인식 구조를 바꾸고, 참여형 사회로 이행할 수 있는 토대를 만든다. '누구나 참여할 수 있는 구조'는, '누구나 한 번쯤 배우고 시도해본 경험' 위에서만 비로소 성립한다. 이를 위해 필요한 것은 단순한 금융 지식 주입이나 일회성 교육이 아니다. 국민 개개인이 실제로 자산을 설계하고, 선택하고, 기여하는 감각을 체득할 수 있도록 돕는 지속적이고 체험 중심인 학습 인프라가 필요하다.

가장 효율적인 교육 방법의 하나는 시뮬레이션이다. 국민이 스스로 공공 프로젝트를 설계하고, 가상의 자산을 투자해 운영해 보는 시뮬레이션 플랫폼은 좋은 출발점이 될 수 있다. 온라인 공간에서 제안서를 제출하고, 서로의 제안에 투표하고, 프로젝트 결과에 따라 수익과 보상을 나누는 경험은 단순한 지식 전달을 넘어, '설계'와 '책임'의 감각을 몸으로 익히게 만든다. 이러한 경험을 기반으로 일정 수준 이상의 설계 실습을 완료한 시민에게는 '자산 설계자 인증'을 부여할 수 있다. 이 인증은 실제 지역 자산 프로젝트나 공공 설계 실험에 우선 참여할 수 있는 자격으로 연결된다. 배운 것이 곧바로 권한과 연결되는 구조를 만드는 것이다.

또한 초등학생부터 성인에 이르기까지 생애주기별 맞춤형 커리큘럼을 설계하여, '돈의 흐름', '자산의 운용', '공공 설계'를 일상 감각으로 받아들이게 해야 한다. 특히 청년층과 지역 커뮤니티 단위에는 투자 시뮬레이션과 공동 프로젝트 설계를 병행하여, 학습과 실제를 자연스럽게 연결하는 프로그램이 필요하다. 여기에 그치지 않고, 시민들이 쌓은 학습 데이터 — 제안서, 투자 패턴, 프로젝트 선호도 등 — 를 분석하여 실제 자산국가 정책 설계에 반영하는 피드백 시스템을 갖춰야 한다. 학습과 정책이 단절되지 않고, 순환하며 서로를 진화시키는 구조를 만드는 것이다.

에스토니아가 디지털 문해력 교육을 통해 전자 정부를 정착시켰듯, 영국이 시민 예산 실험을 통해 지방 정부와 주민의 공동 설계 문화를 키워냈듯, 자산국가 역시 설계할 수 있는 시민을 키우는 과정 없이 완성될 수 없다. 자산국가는 시민을 단순히 참여만 하게 해서는 실현될 수 없다. 시민에게 참여 방법을 가르치고, 시도를 돕고, 실패에서 배우도록 지원할 때에야 비로소 가능해진다. 이 경험이 쌓일 때 비로소, '국민이 국가를 설계하는 시대'가 열린다.

자산국가를 둘러싼 현실적 질문들

자산국가는 매력적인 구조이지만, 동시에 현실적인 질문을 피할 수 없다. 모두가 투자자처럼 살아가는 사회는 가능한가? 자산이 많은 사람은 더 유리하고, 적은 사람은 더 불리한 구조가 되는 것은 아닌가? 사람들이 수익과 숫자에만 몰두하면서, 인간성과 공동체성이 도리어 훼손되지는 않을까? 이 질문들은 매우 현실적이며, 자산국가를 설계하는 데 반드시 직면해야 하는 부분이다.

결국 누군가는 손해를 보고, 누군가는 이득을 보는 구조 아닌가?

맞다. 어떤 시스템에서도 결과의 차이는 발생한다. 모두가 똑같은 수익을 얻는 투자 구조는 존재하지 않는다. 그러나 자산국가의 핵심은 '개별 수익의 크기'가 아니라, 구조 전체가 평균적으로 이득을 얻는 흐

　　　　　새로운 자산국가: 코리아 스탠다드

름을 만든다는 데 있다. 자산국가는 개인이 모든 위험을 홀로 감당하는 구조가 아니다. 공공 프로젝트, 지역 자산, 미래 기술 투자 등은 개별 리스크가 분산된다. 개인은 다양한 참여 옵션 중 원하는 것을 선택할 수 있고, 포트폴리오를 조정할 수 있다. 따라서 실패가 있더라도 손실이 심각하게 드러나지 않고, 구조 전체에서 위험이 완화된다.

실패하더라도 손해를 감수할 수 있는 안전 장치가 설계된다. 초기 자산은 '기본 자산'으로 부여되며, 개인의 생계 기반을 침해하지 않는다. 수익이 나지 않더라도 기본 소득의 역할을 일부 병행해, 최소한의 보호망이 제공된다. 즉, 개인이 실패했을 때 치명적인 생존 위기로 이어지지 않는다. 전체 구조의 성장성 자체가 긍정적인 흐름을 만든다. 지역 개발, 미래 산업 투자, 공동체 인프라 확충 등을 통해 자산국가 전체의 생산성과 복지가 확장된다. 참여자들은 설령 개인 수익이 미미하더라도, 사회적 자본, 공공 자산의 증가, 공동체 소득 상승이라는 형태로 간접적 이득을 함께 공유하게 된다.

이와 같이 공동체의 안전망을 마련하는 방식은 결과적으로 사회 전체의 이익으로 귀결된다. 앞서 언급한 핀란드 기본 소득 실험에서 본 것처럼, 핵심은 '모두가 똑같이 이기는 것'이 아니라, 구조 전체가 승리할 수 있도록 설계하는 것이다. 그리고 개인은 그 구조의 일부로서, 선택하고, 설계에 기여하고, 실패할 권리를 가지며, 성공할 가능성을 공동으로 키워 나간다. 자산국가는 그래서, '이득을 나누는 시스템'이 아니라 '기회와 책임을 나누고, 성장의 방향을 함께 설계하는 시스템'이다.

　　자산국가는 기존 시장 자본주의와 다르게, '기여'를 중심으로 권한을 배분하는 구조다. 모든 시민에게 기본 자산 계좌가 동일하게 주어진다. 출발선은 동일하며, 초기 자산은 소득이나 기존 부에 따라 차등 지급되지 않는다. 누구나 같은 기회로 시작해, 기여와 선택에 따라 결과를 만들어간다. 영향력은 '자본 규모'가 아니라 '참여와 기여'로 결정된다. 공공 프로젝트 제안, 지역 자산 설계, 공동 투표 등의 시스템에서는 자산 보유량보다 기여 기록과 설계 참여 이력이 더 큰 영향력을 갖는다. 즉, 돈이 많은 사람이 더 많은 권한을 가지는 시스템이 아니다. 자산국가는 사회적 불평등을 줄이는 장치를 내포한다. 기여 배당 시스템을 통해, 적극적으로 설계에 참여한 사람이 실질적 보상을 더 받을 수 있다. 이 과정에서 경제적 불평등뿐 아니라, 사회적 인정과 심리적 자산도 함께 분배된다. 싱가포르 테마섹 모델도 초기엔 정부 자산 기반이었지만, 투자 방향에 사회적 가치와 장기 기여를 반영하고, 국민연금, 공공 인프라로 수익 일부를 분산하여 환원하면서, '돈이 많은 개인이 유리해지는 시스템'이 아니라 '공공 자산을 전략적으로 확장하는 시스템'으로 진화해 왔다. 요컨대, 자산국가는 자산 소유의 많고 적음 대신 기여와 설계 능력에 따라 권한과 보상이 결정되는 구조를 지향한다.

오히려 반대다. 자산국가는 '투자'를 수익 중심의 생존 수단이 아니라, 삶을 설계하는 권한으로 재정의한다. 자산국가에서 참여는 생존 압박이 아니다. 기여와 자부심의 기회다. 지금 사람들은 생존을 위해 잠을 줄이고, 가족과의 시간을 희생하며 살아간다. 자산국가는 '소득 불안'을 구조적으로 완화하고, 삶의 여유와 관계적 시간을 회복시킬 기반을 만든다. 수익은 목적이 아니라 결과다. 개인은 자신이 기여한 프로젝트, 지역 개발, 공공 플랫폼의 성장에 참여하며 경제적 수익뿐 아니라 사회적 의미와 정체성을 함께 얻는다. 돈을 버는 것이 아닌, '내가 만든 세계' 속에서 사는 경험을 얻는다.

공동체성과 인간성은 오히려 강화된다. 지역 설계, 공동 투자, 디지털 공공 플랫폼 운영 등의 활동을 통해 시민들은 서로를 돕고, 협력하고, 공동 성취를 경험한다. 이는 외로운 개인이 아니라 서로 연결된 설계자 집단을 만들어낸다. 자산국가는 부자를 늘리는 사회를 넘어서, 함께 설계하고 성장하는 사회를 그린다.

상상 실험: 자산국가의 초기 도입 시나리오

자산국가의 초기 실험은 특정 도시나 낙후 지역에 국한되지 않는다. 수도권이든 지방이든, 대도시이든 농촌이든, 핵심은 '지리적 조건'이 아니라 '구조적 원리'에 있다. 예를 들어, 한 행정 구역 단위나, 디지털 기반의 가상 행정 구역을 설정해 실험을 시작할 수 있다. 이 실험 구역에서는 실물 자산과 디지털 자산을 함께 설계하고, 국민 누구나 온라인 플랫폼을 통해 제안하고, 토론하고, 투표에 참여할 수 있는 '참여 도시' 모델이 구현된다.

먼저 모든 시민에게 1인당 200만 원 상당의 '참여형 자산 계좌'가 개설된다. 전체 기금은 500억 원 규모로 조성되며, 지역 내 공공 프로젝트, 창업 기획, 청년 주거, 재생에너지 등에 투자할 수 있다. 이 자산 계좌는 단순히 돈을 보관하는 기능이 아니라, 시민이 선택하고 설계하는 경험을 중심에 두는 장치다. 시민은 연 2회 온라인 플랫폼을 통해 제안서를 제출하거나, 다른 시민의 제안에 대해 투표할 수 있다. 참여 이력은 모두 공개되며, 기여도에 따라 영향력이 점진적으로 차등화된다. 전문가 그룹과 지역 협의체는 기술적·사회적 타당성을 검토하는 보조자 역할을 수행한다. 최종 결정권은 시민에게 있다. 이 구조는 '대표자가 대리하는 정치'를 넘어, 시민 스스로가 직접 설계자가 되는 정치로 확장된다.

지역 대학, 시민 단체, 공공 기관이 협력하여 금융, 사회 구조, 기술 분야 교육을 무료로 제공한다. 실패 사례 역시 기록하고 공유하여, 지속 가능한 학습과 구조 실험 환경을 구축한다. 이는 참여의 문턱을 낮추고, 실패를 '배제'가 아니라 '학습'으로 전환하는 기반이 된다. 투자 수익은 시민에게 배당되며, 플랫폼 활동에 더 많이 기여한 시민은 다음 회차 설계 권한이 커진다. 참여 이력은 신뢰 포인트로 축적되어, 향후 정치, 행정, 경제 영역의 다양한 참여 기회로 확장된다. 단순히 수익을 나누는 것이 아니라, 기여를 통해 더 많은 설계 기회를 얻는 시스템이 만들어진다.

이 모델은 단순한 '돈 나눔 실험'이 아니다. 시민이 자산의 흐름을 직접 설계하고 체감하는 주체로 변화하는 실험이다. 처음에는 단 5%의 시민만 참여할 수 있을지도 모른다. 하지만 그 5%가 만들어낸 신뢰의 감정에서 비롯해 15%, 30%, 그리고 결국 사회 전체로 확산될 수 있다. 자산국가는 자본주의의 끝에서 발견된, 인간의 존엄, 기여, 설계 본능을 다시 불러내는 구조적 실험이다.

지금까지 우리는 '자산국가'라는 개념이 왜 필요한지, 그리고 그것이 어떻게 설계되고 구현될 수 있는지를 살펴보았다. 중요한 것은 이 모델이 단지 제도나 정책을 넘어, 그동안 낭비되듯 소모됐던 우리의 감정과 동기, 그리고 관계와 신뢰의 구조를 근본적으로 전환하는 시스템이라는 점이다. 자산국가는 돈을 나누는 방식이 아니라, 삶을 바라보는 관점 자체를 전환하는 실험이다. 욕망은 억제의 대상이 아니라 설계의 동력이 될 수 있으며, 자산은 소수가 독점하는 것이 아닌 모두의 설계에 기여하는 플랫폼이 될 수 있다.

그렇다면, 이 구조는 실제로 우리의 삶에 어떤 변화를 가져올까? 시민 개인의 삶은 어떻게 바뀌고, 공동체는 어떤 정서를 회복하며, 사회 전체는 어떤 리듬과 언어로 재구성될 수 있을까? 이제 우리는, 자산국가라는 새로운 구조가 개인의 삶과 사회 전체에 어떤 변화를 만들어내는지를 3장에서 더 깊이 살펴보게 될 것이다.

Chapter 3

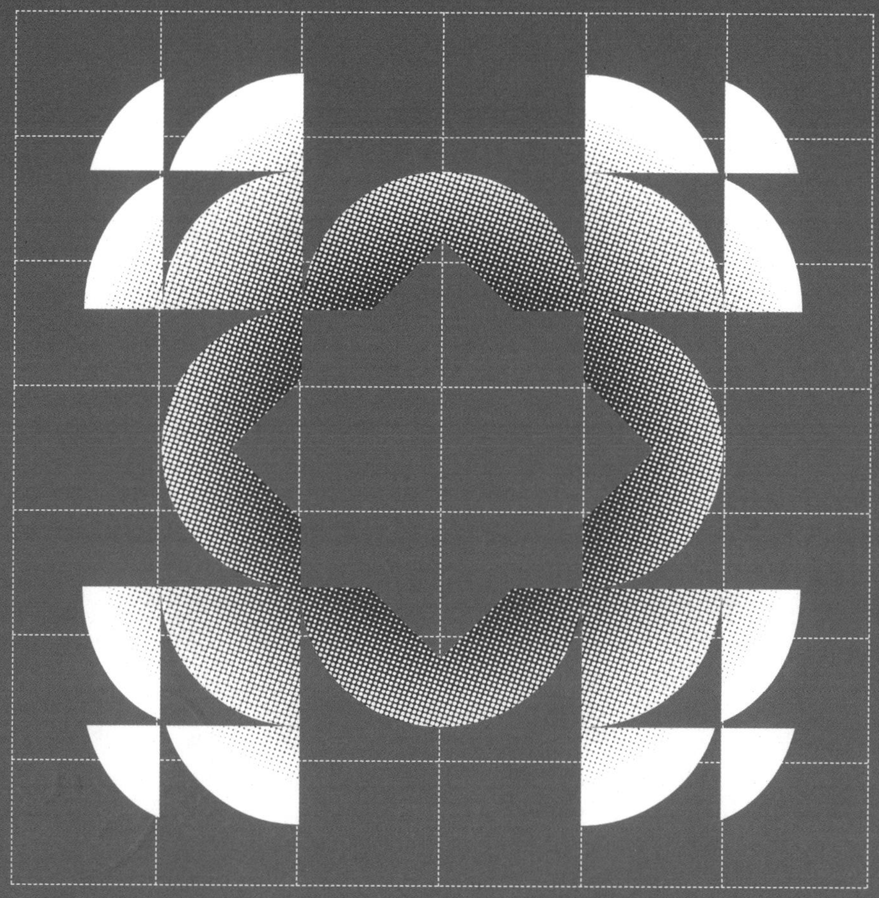

자산국가가 만들어내는
삶의 변화

우리는 자주 말한다. "제도를 바꾸면 사회가 바뀐다." 그리고 실제로 그렇게 해왔다. 교육 제도, 세금 제도, 복지 제도를 끊임없이 개선하며 더 나은 사회를 만들어가려 노력했다. 하지만 묻는다. 과연 제도를 바꾼 만큼 사람들의 삶은 달라졌는가? 더 많은 예산이 투입되었고, 더 복잡한 정책이 설계되었지만, 청년은 여전히 불안하고, 중년은 지쳐가며, 노년은 고립되어 간다. 누군가는 일자리를 원하지만 기회를 얻지 못하고, 누군가에게는 돌봄이 필요하지만 손길이 닿지 못한다. 크고 작은 제도들이 계속해서 바뀌고 있음에도, 사람들은 여전히 "외롭고 불안하다"고 말한다. 그래서 우리는 다시 묻는다. 정말로 '제도'가 바뀌면 사회가 바뀌는가?

답은 분명하다. 아니다. 사회는 '감정의 구조'가 바뀔 때만 바뀐다. 감정이 바뀌지 않으면 사람은 움직이지 않는다. 구조가 행동을 변화시키려면, 그 구조는 사람들의 감정과 동기가 모든 절차에 걸쳐 반영되도록 설계되어야 한다. 자산국가는 바로 이 감정 구조를 바꾸려는 실험이다. 단지 소득을 나누는 것이 아니라, 사람들에게 "나는 세상을 설계할 수 있다"는 감각을 되돌려주는 시스템이다.

한국 사회에서 '돈'은 단순한 거래 수단이 아니다. 그것은 안전, 인정, 기회, 체면, 두려움의 복합체다. 우리는 이 돈에 얽힌 복합적인 감정을 이해하지 않고, 수치만을 설계해 왔다. 그러나 진짜 변화는 감정의 해방에서 시작된다. 돈에 대한 감정이 '공포'에서 '기여'로, 욕망이 '탐욕'에서 '설계'로 바뀔 때, 사회는 진정으로 달라질 수 있다.

자산국가는 '돈을 나누는 시스템'이 아니다. 그것은 돈에 얽힌 감정 구조 자체를 다시 설계하려는 구조적 실험이다. 이 장에서는 그 실험이 개인의 감정을 어떻게 전환하고, 공동체의 신뢰를 어떻게 회복하며, 사회의 구조를 어떻게 다시 설계할 수 있는지를 구체적으로 살펴보려 한다.

개인의 변화: 생존에서 설계로

지금의 한국 사회에서 '개인'은 자신을 설계할 수 있는 존재라기보다, 주어진 구조 안에서 버텨야 하는 생존 단위로 기능한다. 취업은 전략이 아니라 확률 게임에 가깝고, 학자금 대출은 사회에 나서기도 전에 발목을 잡는 족쇄가 된다. 전세는 단기적 생존을 위한 임시방편일 뿐, 장기적인 삶의 계획을 세우기 어려운 구조다. 보험은 불안에 대한 방어막일 뿐 마음의 안식을 주지 못하며, 이제 삶은 어떻게 버틸 것인가를 고민하는 고독한 과제가 된다. 이러한 구조 속에서 개인은 능동적 설계자가 아니라, 살아남기 위해 방어적 선택을 반복하는 존재로 축소된다. 불확실한 미래 속에서 선택지는 갈수록 좁아지고, 감정은 계속 메말라 간다.

예를 들어보자. 지금 이 시대의 30대 청년은 매일 퇴근 후, 유튜브에서 수십 개의 재테크 영상을 검색한다. 주식, 암호 화폐, 채권, 부동산, ISA 계좌까지 손댄다. 그러나 넘쳐나는 정보 속에서 확신은 쉽게 찾아오지 않는다. 조심스레 월급의 일부를 투자해 보지만, 시장은 훨씬 빠르고, 자신은 늘 한발 늦다. 정보 격차, 자본 격차, 심리적 격차는 실재하며, 청년의 마음에는 자신이 구조의 외곽에 있다는 소외감과 불안감이 깊어져 간다.

실제로 한국보건사회 연구원이 2022년에 발표한 조사에 따르면, 20~30대 청년의 63%가 "현재 자신의 재정 상태에 불안을 느낀다"고 응답했다. 통계청의 체감 실업률 조사에서는 청년층(15~29세)의 체감 실업률이 20%를 넘어섰다. 이 숫자는 단순한 고용 지표가 아니다. 청년 세대가 느끼는 생활 기반의 불안정을 묘사하는, 살아 있는 데이터다.

자산국가는 이 구조에 근본적인 전환을 제안한다. 거대한 부를 약속하는 것이 아니다. 대신 "내가 직접 설계한 프로젝트에, 내 돈을 투자해, 실질적인 수익을 만들어냈다"는 경험을 가능하게 한다. 즉, 구조의 외곽을 떠돌던 개인이, 구조의 내부를 스스로 설계하는 주체가 되는 것이다.

이를테면, 한 지역 기반 프로젝트에 시민들이 소액으로 참여해 학교 옥상에 태양광 설비를 설치하고, 그로 인한 발전 수익이 참여 시민들에게 일정 부분 배당되며, 또 일부는 지역 복지나 환경 개선 프로젝트로 재투자되는 순환 구조를 상상해 보자. 여기서 개인이 얻는 것은 단순한 수익 이상의 것이다. "나의 작은 행동이 실제로 세상을 변화시켰다"는 감각이 일상에 깊이 개입하게 된다.

서울 은평구의 에너지 협동조합은 이와 유사한 사례다. 주민 출자금을 기반으로 학교, 주민센터 옥상에 태양광 패널을 설치하고, 발전 수익을 다시 주민에게 환원하거나 에너지 취약 계층을 지원하는 데 활용한다. 이 구조는 단순한 경제적 모델이 아니라, 주민들이 지역과 연결되어 있다는 정서적 기반이 된다.

비슷한 모델로, 독일 프라이부르크는 전체 전력의 50% 이상을 시민 주도 재생에너지 설비로 충당한다. 이 수익은 지역 사회와 공유되며, 에너지 전환 과정에 시민 참여를 제도화했다. 이러한 구조가 도시의 에너지 자립률을 높이는 것은 물론, "우리는 스스로 우리의 미래를 설계할 수 있다"는 정서적 자부심을 키워냈다. 네덜란드 암스테르담에서는 시민들이 공동 펀드에 투자하여, 지속 가능한 주택 단지를 개발하고, 입주자를 선정하며, 커뮤니티 운영 규칙까지 함께 정하는 실험이 이뤄지고 있다. 이는 단순한 투자 수익을 넘어, 삶의 방향, 공동체의 성격, 공간의 철학까지 스스로 설계하는 경험을 제공한다.

무엇보다 중요한 변화는 '돈에 대한 감정' 자체가 전환되기 시작한다는 점이다. 한국 사회에서 돈은 단순한 거래 수단이 아니다. 청년에게는 기회의 상징이자 박탈의 기억이고, 중년에게는 생존과 책임의

무게이며, 노년에게는 두려움과 존엄성 사이의 마지막 방어선이다. 이처럼 돈은 우리 사회의 감정 구조 전체를 관통하는 심리적 언어다. 자산국가는 이 감정을 억누르지 않는다. 대신, 구조를 활용해 그 감정을 능동성으로 전환한다.

'불안한 경제'에서 '설계 가능한 삶'으로, '비관적 소비자'에서 '능동적 설계자'로의 전환은 단순한 소득 보장으로 이루어지지 않는다. 핵심은 '역할'의 변화다. "나는 소비자가 아니라 설계자다", "나는 누군가가 만들어 놓은 게임을 하는 것이 아니라, 나만의 규칙을 만들 수 있다"는 자기 효능감이 자산국가가 개인에게 제공하는 가장 근본적인 변화다.

특히 MZ세대는 자산 접근 방식에서 새로운 흐름을 보이고 있다. 금융감독원에 따르면 2023년 기준, 2030세대는 주식, 부동산 투자보다도 NFT, 크라우드 펀딩, 사회적 기업 투자 등 '가치 기반 자산'에 대한 관심이 빠르게 증가하고 있다. 이는 단순한 수익 추구가 아니라, 자신만의 가치관과 정체성을 돈을 통해 표현하려는 새로운 시도다. 자산국가는 이러한 흐름도 구조적으로 수용한다. 가치에 기반한 투자, 사회적 기여를 통한 수익, 그리고 삶을 스스로 설계하는 경험을 제도적 틀 안에 포함한다. 자산국가에서 개인은 더 이상 생존을 강요당하는 방어적 소비자가 아니다. 삶을 설계하고, 공동체를 함께 만드는 능동적 참여자로 진화하게 된다.

공동체의 변화: 경쟁에서 협력으로

현대의 도시와 마을은 물리적으로는 인접해 있지만, 정서적으로는 점점 더 단절되어 살아간다. 경제는 연결되었지만, 삶은 고립되었고, 기술은 진보했지만 관계는 얕아졌다. '이웃사촌'이라는 말은 이제 옛날 이야기처럼 들릴 뿐이다.

통계청 자료에 따르면, 2022년 기준 1인 가구는 전체 가구의 33.4%로 가장 큰 비중을 차지했다. 또한 서울시가 실시한 설문조사에서는 응답자의 62%가 "자신이 사는 지역사회에 정서적 소속감을 느끼지 못한다"고 답했다. 이는 공동체 해체가 더 이상 추상적인 우려가 아니라, 일상 깊숙이 스며든 구조적 현실임을 보여준다. 기존 사회 구조에서는 사람과 사람 사이의 경제력, 정보 접근성, 자산 보유력의 격차가 공동체를 분열시킨다. 경제적으로 취약한 사람일수록 정보와 기회에 뒤처지고, 불균형은 신뢰를 파괴한다. 결국 우리는 '협력'보다는 '회피와 단절'을 생존 본능처럼 선택하는 사회 속에서 살아가게 된다.

자산국가는 이 무너진 감정의 회로를 복원하려는 실험이다. 단순히 자원을 분배하는 것이 아니라, '함께 설계하고, 함께 책임지는 구조'를 통해 '나의 돈'과 '우리의 미래'를 감정적으로 연결 짓는 방식이다. 사람은 본능적으로 자신이 기여했다고 느끼는 구조에 더 깊은 내적 소속감을 느낀다. 마치 직접 조립한 가구에 더 큰 애착을 느끼는 '이케아 효과(IKEA effect)'처럼, 자산국가에서의 참여와 설계 경험은 단순한 수익 이상의 '감정적 주인의식'을 만들어낸다.

자산국가는 실제로 어떻게 작동하는가? 한 동네에 노후화된 체육관이 있다고 가정해 보자. 기존 구조에서는 행정 기관의 예산 승인과 행정 절차를 거쳐야 하며, 주민들은 과정에서 아무런 발언권이나 주체성을 가지지 못한다. 공공시설은 '남이 정한 결과'를 수동적으로 받아들이는 대상에 불과하다.

반면, 자산국가 구조에서는 접근 방식 자체가 달라진다. 주민들은 스스로 제안서를 작성하고, 예를 들어 "아이들을 위한 놀이 공간과 부모들을 위한 쉼터를 만들자"는 아이디어를 온라인 플랫폼에 등록한다. 이 제안은 다른 주민들의 검토를 거쳐, 직접 투표를 통해 우선순위가 결정된다. 선정된 프로젝트는 지역 자산 플랫폼 기금으로부터 예산을 지원받으며, 여기에 주민 출자금, 지역 기업의 협찬, 일부 시 예산이 결합되어 복합 재생 프로젝트로 추진된다. 주민들은 단순히 아이디어를 내는 데 그치지 않고, 기획, 운영, 관리 전 과정에 실질적으로 참여하게 된다. 완성된 공간은 주민 공동체에 의해 자율적으로 운영되며, 발생하는 수익은 유지 관리비, 추가 투자 기금, 그리고 일부는 참여 주민들에게 소액 배당하는 구조로 순환된다.

이것은 '공공 서비스'라는 이름보다, '공동 설계'라는 말이 더 어울리는 결과다. 관리가 필요한 대상이 아니라, 유대감이 담긴 공간이다. 공공이라는 개념을 다시 쓰는 일이다.

국내외 실험 사례를 살펴보자. 서울 성수동 도시재생 프로젝트는 2015년 이후 낡은 공장 지대를 예술가, 디자이너, 청년 창업자들이 활동할 수 있는 공간으로 탈바꿈시켰다. 공장 건물들은 리모델링되어 공유 오피스, 문화예술 공간, 창업 지원센터 등으로 재구성되었고, 이를 통해 지역 경제에 연간 약 140억 원 규모의 부가 가치가 창출되었다.

특히 이 프로젝트는 단순한 물리적 재개발이 아니라, 주민 참여형 설계 방식을 적극 도입했다. 도시재생지원센터 주도로 열린 워크숍, 디자인 공모전, 지역 포럼을 통해 주민과 청년 창업자들이 직접 재생 방향을 제안하고 우선순위를 결정했다. 주민들은 단순한 수혜자가 아니라, '변화의 설계자'로서 지역 공간의 재구성 과정에 주체적으로 참여했다. 그 결과, 지역 내 자영업자 수는 5년 만에 1.6배 증가했고, 창업 기업의 3년 생존율은 서울 평균 대비 15% 이상 높았다. 문화 행사와 지역 축제 참가율도 급증하며, 지역 커뮤니티의 정서적 연결감 역시 뚜렷하게 회복되었다. 한때 낡은 공장 지대였던 성수동은 이제 청년 창업자와 예술인, 주민이 함께 만드는 '도시 속 열린 플랫폼'으로 진화하고 있다. 성수동 사례는 '도시재생'이란 단순히 건물을 고치는 것이 아니라, 공간을 통해 사람과 사람 사이의 관계를 다시 짜는 작업이어야 한다는 것을 보여준다.

일본 마치즈쿠리(まちづくり) 운동은 1990년대 초, 오사카·나가노·가나자와 등 지방 도시를 중심으로, 관 주도 개발을 벗어나 주민이 주체가 되는 마을 설계 운동으로 본격화되었다. 이 운동은 도시 계획을 전문가나 행정 기관만이 결정하는 것이 아니라, 주민이 일상 속 공간을 직접 설계하고 운영하는 구조를 목표로 삼았다. 주민들은 거리 조명 디자인, 골목길 안전 개선, 노인 복지 시설 설계, 아동 놀이터 기획 등 다양한 프로젝트에 직접 참여했다. 행정은 최소한의 지원과 승인만 담당했고, 구체적인 공간 구성, 예산 배분, 운영 계획은 주민 협의체가 스스로 논의하고 결정했다. 이는 '주민이 자신의 삶터를 가장 잘 안다'는 원칙에 기반한 새로운 도시 설계 방식이었다. 결과는 뚜렷했

다. 마치즈쿠리 모델을 도입한 지역에서는 지역 소속감과 주민 만족도가 비약적으로 상승했다. 오사카의 모리구치시는 주민 주도형 도시재생 이후 지역 커뮤니티 행사 참가율이 2배 이상 증가했으며, 가나자와시는 노인 복지 센터를 중심으로 세대 간 소통 프로그램을 확산시켜 고령자 고립 문제를 크게 완화했다. 나가노시에서는 마치즈쿠리를 통해 도시 미관 개선과 범죄율 감소까지 이루어내는 부수적 효과도 나타났다. 이 운동은 단지 도시 외관을 바꾼 것이 아니라, '지역 안에서 살아가는 방식'을 근본적으로 바꿔 놓았다. 주민이 스스로 공간을 설계하고 유지한다는 경험은, 결국 지역 사회 전체를 '함께 설계하고 책임지는 공동체'로 변화시켰다. 오늘날 일본 각지에서 마치즈쿠리는 여전히 지역 재생 정책의 핵심 모델로 자리 잡고 있으며, 공동체 정체성 복원의 중요한 사례로 연구되고 있다.

독일 함부르크는 시민들이 공공 자산에 직접 참여하는 '협동 도시' 모델을 구축했다. 도서관, 공공극장, 지역 에너지 설비 같은 주요 공공 인프라를 단순히 정부 소유가 아니라 시민 공동 소유 방식으로 운영했다. 수익은 명확한 규칙에 따라 순환된다. 30%는 시민 참여자에게 배당되고, 40%는 시설 유지·운영비로 쓰이며, 나머지 30%는 새로운 지역 자산 프로젝트 기금으로 축적된다. 이 구조는 "공공은 모두의 것이다"라는 원칙을 실제 경제 순환 시스템 안에 통합한 사례다. 시민은 단순 이용자가 아닌, 공간의 공동 설계자이자 수익 순환의 주체가 된다. 이 실험은 단순한 소득 보조가 아니라, 사회적 신뢰와 공동체 감각을 재구성하는 효과를 가져왔다. 시행 이후, 함부르크 지역 공공 시설의 이용률은 평균 25% 이상 증가했고, 시민 참여 프로젝트에 대

　　　　　　　새로운 자산국가: 코리아 스탠다드

한 만족도 조사에서는 "공공에 대한 신뢰가 높아졌다"고 응답한 비율이 70%를 넘어섰다. 특히 20~39세 청년층의 참여가 두드러지면서, 세대 간 연결과 지역 내 순환 경제 모델이 함께 강화되었다. 함부르크의 실험은 소득을 단순히 분배하는 것이 아니라, 자산 설계에 실질적으로 참여하는 구조야말로 공동체를 복원하는 가장 강력한 방법이라는 것을 보여준다.

전라북도 완주군은 농촌 인구 감소와 지역 경제 침체라는 구조적 문제에 대응하기 위해 '사회적 경제 벨트'라는 전략적 프로젝트를 추진했다. 이 사업은 외부 투자 유치가 아니라, 지역 내부 자산과 주민 역량을 활용해 스스로 지속 가능한 경제 구조를 만드는 것을 목표로 삼았다. 완주군의 마을 공동체들은 폐교, 공공 창고, 노후 커뮤니티 센터 등의 유휴 공공자산을 리모델링하여 소득 창출 기반으로 전환했다. 폐교를 개조해 청년 창업 공간과 지역 특산물을 판매하는 공동 레스토랑을 운영하고, 지역 농산물을 가공, 브랜딩하여 전국으로 직거래 유통망을 구축하고, 주민 주도로 돌봄 서비스, 문화예술 프로그램, 숙박·체험 관광 사업 등을 스스로 기획하고 운영했다. 특히 이 과정에서 주민들은 노동 참여자가 아니라, 기획자, 운영자, 수익 배분 주체로 참여했다. 프로젝트별 수익 구조는 사전에 투명하게 합의되었으며, 수익의 일부는 마을 기금으로 적립되어 다음 공동 사업의 재원으로 순환되었다. 그 결과, 2020년부터 2022년까지 완주군은 청년 인구 순유입률 전국 1위를 기록하는 주목할 만한 변화를 이끌어냈다. 청년을 고용하는 데서 그치지 않고, 이들이 마을 경제의 주체로서 참여하도록 설계했기 때문이다. 또한 지역 주민들의 참여도와 만족도는 전국 평균 대비

1.7배 높게 나타났으며, 주민 스스로 지역에 대한 소속감과 책임감을 체화하는 결과로 이어졌다. 완주군 모델은 일반적인 지역 개발을 넘어, 지방 소멸 위기에 대응하는 방식으로서 '자산 기반 지역 재생'이라는 새로운 가능성을 제시했다. 자산 설계, 수익 순환, 주민 자율 운영이라는 세 가지 축을 결합한 이 실험은 지방 소멸 위기에 처한 다른 지역 사회에도 유의미한 선례로 남게 되었다.

이러한 자산 설계 방식은 일종의 '구조화된 공동체'이다. 서로 다른 계층·세대·취향의 사람들이 하나의 문제를 놓고 아이디어를 내고, 토론하고, 결정하고, 때로는 실패하고, 다시 도전하는 구조 그 자체가 공동체이다. "우리는 함께 만들었고, 함께 실수했으며, 함께 성취했다." '우리', '함께'라는 말이 자연스럽게 통용되는 사회에서 경쟁은 협력으로 전환된다.

2023년 한국보건사회연구원 보고서에 따르면, 자신의 '삶에 대한 통제감'이 높은 집단일수록 '이웃과의 신뢰도'와 '공공사업 참여 의지'가 뚜렷하게 높게 나타났다. 이는 개인의 심리적 회복력과 공동체의 구조적 신뢰감이 맞닿아 있다는 사실을 보여준다. 실제로 노벨경제학상 수상자 다니엘 카너먼(Daniel Kahneman)은 "삶을 통제하고 있다는 감각은 정신적 웰빙의 근원이다"라고 말한 바 있다.

공동체는 감정의 구조이자 사회적 설계다. 자산국가는 그 구조를 다시 연결 가능한 것으로 만든다. 그것은 수익의 재분배가 아니라, 관계의 재설계다. 그리하여 이웃은 낯선 타인에서 함께 살아가는 존재로 회복된다. 자산의 구조가 감정의 회로를 재건하는 것이다. 자산국가는 공동체라는 이름의 오래된 감정 인프라를 새로운 방식으로 되살리는 실험이다.

사회 구조의 재편: 소외에서 재참여로

자산국가는 우리가 사는 방식을 바꾸고, 서로를 바라보는 시선을 바꾸며, 사회라는 집단의 구조를 다시 설계하려는 시도다. 그 핵심은 소외된 존재를 다시 구조 안으로 초대하는 것이다.

현대 사회에서 소외는 단순히 경제적 문제로만 나타나지 않는다. 외로움, 상실감, 공허함, 좌절감이 서로 얽혀 사회의 생명력을 약화한다. 특히 세대 간의 분리와 불균형은 구조적 소외를 심화하는 주요 요인이다. 한국 사회의 세대별 구조를 살펴보면 다음과 같다. 청년은 기회의 부족 속에서 자산 형성의 첫 단추를 끼우기조차 어렵고, 중년은 부채와 생계의 압박 속에서 미래를 설계할 여유가 없다. 노년층은 은퇴 이후 급격한 소득 단절과 사회적 고립을 겪고 있다. 2022년 통계청 자료에 따르면, 60세 이상 고령층의 절반 이상이 국민연금 외에 별다른 은퇴 소득이 없다고 응답했으며, 그 중 67.8%는 '경제적 불안'을 주요 삶의 문제로 꼽았다.

또한 한국은행의 보고서에 따르면, 상위 20% 가구의 자산은 하위 20% 대비 약 31배에 이르며, 이 자산 격차는 세대 간 이전을 통해 더욱 고착되고 있다. 이러한 격차는 단순한 수치 차이를 넘어 세대 간 단절과 불신, 심리적 갈등을 낳는다. 실제로 2021년 한국보건사회연구원의 조사에서는 "세대 간 갈등을 심각하게 느낀다"는 응답이 전체의 60%에 달했다. 이는 단지 인식의 문제를 넘어서, 정책 수용성에도 영향을 미친다. 세대별로 복지의 우선순위나 조세 부담에 대한 인식 차이가 커져 사회적 합의가 어려워지는 구조적 문제로 이어진다.

자산국가는 이러한 구조를 순환 구조로 재설계한다. 각 세대는 자신이 가장 잘 이해하고, 변화가 필요한 영역에 투자하고 기획함으로써 구조의 일원이 된다. 청년은 미래 산업이나 사회문제 해결 프로젝트에 투자하고, 기획자로서 경험을 쌓는다. 그 과정을 통해 수익 창출 이상의 가치, 곧 '시스템을 바꿀 수 있다'는 자기 효능감을 얻게 된다. 중년은 지역 인프라나 재생 프로젝트에 중장기로 투자하며, 안정적 수익과 동시에 사회적 기여를 경험한다. 중년의 자산은 경제적 완충지이자, 공동체적 감각의 재형성 수단이 될 수 있다. 노년층은 건강, 돌봄, 문화 자산과 연계된 프로젝트의 수혜자이자 조언자로 참여한다. 이들은 단순한 복지의 대상이 아니라, 경험과 지혜를 바탕으로 구조 설계의 일원이 된다.

이 구조는 기존의 복지 정책이나 고용 정책으로는 회복할 수 없는 정서적 단절을 회복하는 방식이다. 예컨대, 고령층이 지역 교육 사업에 투자하고, 그 교육을 받은 청년이 지역 재생 프로젝트를 설계하며, 중년이 이를 운영하고 관리하는 방식으로 하나의 프로젝트 안에서 역할을 나누어 협력한다면, 세대 간 감정적 거리는 좁아지고 사회적 연대는 자연스럽게 형성된다.

또한 자산국가는 정치적 감각과 시민성을 회복한다. 자산국가는 시민을 수동적인 수혜자에서 능동적인 설계자로 전환한다. 이때의 '정치성'은 선거나 정당 활동과 같은 좁은 의미에서의 정치를 가리키는

　　　　　　　　　　　새로운 자산국가: 코리아 스탠다드

것이 아니라, 넓은 의미에서의 정치, 즉 '사회의 연결고리가 되어 참여하는 감각'을 말한다. 자산의 설계와 운영에 참여하는 경험은 일상에서 실천 가능한 민주주의를 만들어낸다. 이는 경제 모델이자 동시에 새로운 형태의 거버넌스 실험이다. 기존의 제도가 위에서 아래로 설계되었다면, 자산국가는 아래로부터 상상되고 집단적으로 설계된다. 그것은 새로운 사회 계약의 출발점이다.

인간의 근본적인 변화는 타인의 통제가 아닌 자신의 경험에서 비롯한다. 2023년 한국보건사회연구원에 따르면, 지역 자산 설계에 참여한 시민의 73%가 "삶에 대한 통제감이 높아졌다"고 응답했고, 이 중 절반 이상은 "정치나 사회적 결정에 관심이 생겼다"고 말했다. 이처럼 참여 경험은 개인의 인식과 태도를 변화시키는 직접 경로로 작동하며, 그 변화가 다시 공동의 설계와 운영으로 환원된다.

마지막으로 주목해야 할 점은, 세대 간 단절이 단지 감정적 문제를 넘어서 사회 비용을 유발한다는 것이다. 복지 사각지대의 확대, 갈등 기반의 정책 저항, 고립된 은퇴자와 소외된 청년층은 사회적 유지 비용을 기하급수적으로 늘린다. 하지만 자산국가 모델은 이 비용을 '참여와 순환'이라는 방식으로 줄여 나갈 수 있다. 모두가 같은 구조 안에서 다른 방식으로 기여하고, 그 기여가 다시 자산으로 돌아오는 순환 고리는 사회의 감정 구조 자체를 건강하게 만들 수 있다.

요약하자면, 자산국가는 단순히 수익을 나누는 구조가 아니다. 오히려 사람들의 수익에 대한 자연스러운 욕망과 감각을 출발점 삼아, 그 동기를 구조적 참여로 확장하는 시스템이다. 작은 수익의 경험은 개인에게 자기 효능감을 심어주고, 그 효능감은 다시 구조를 설계하고 조율하는 참여로 이어진다. 이 흐름을 통해 자산국가는 정서적 소외를 줄이고, 세대 간 신뢰를 복원하며, 인간 중심의 구조를 다시 설계하는 사회적 전환을 가능하게 한다. 돈은 더 이상 소수를 위한 자본 축적 수단이 아니라, 모두를 연결하고 설계로 이끄는 감정적 매개체가 된다. 이것이 자산국가가 제안하는 새로운 사회 계약의 핵심이다.

다음 장에서는 이러한 자산국가 구조가 현실에서 실현되기 위해 반드시 갖추어야 할 조건들을 구체적으로 살펴본다. 단순한 아이디어와 비전만으로는 구조를 바꿀 수 없다. 이를 뒷받침할 수 있는 제도적 설계, 정책적 인프라, 기술적 기반, 그리고 무엇보다 시민의 이해와 학습을 가능하게 하는 교육 시스템이 필요하다.

우리는 자산국가가 단순한 정책 조정이 아니라, 국가 운영 방식 전체를 새롭게 짜는 프로젝트라는 점을 이미 확인했다. 이제 우리는 또 다른 질문 앞에 서게 된다. "자산국가의 철학이 설계되었다면, 그 철학은 어떻게 실행 가능한 구조로 구체화할 수 있는가?" 다음 장에서는 자산국가 실현을 위해 필요한 정책 혁신, 법과 제도의 재설계, 디지털 플랫폼과 데이터 거버넌스 같은 기술 인프라, 그리고 국민의 인식과 감정 구조를 뒷받침할 교육과 훈련 시스템에 대해 자세히 짚어볼 것이다. 이로써 우리의 화두는 '가능성'에서 '실행'으로 옮겨간다.

Chapter 4

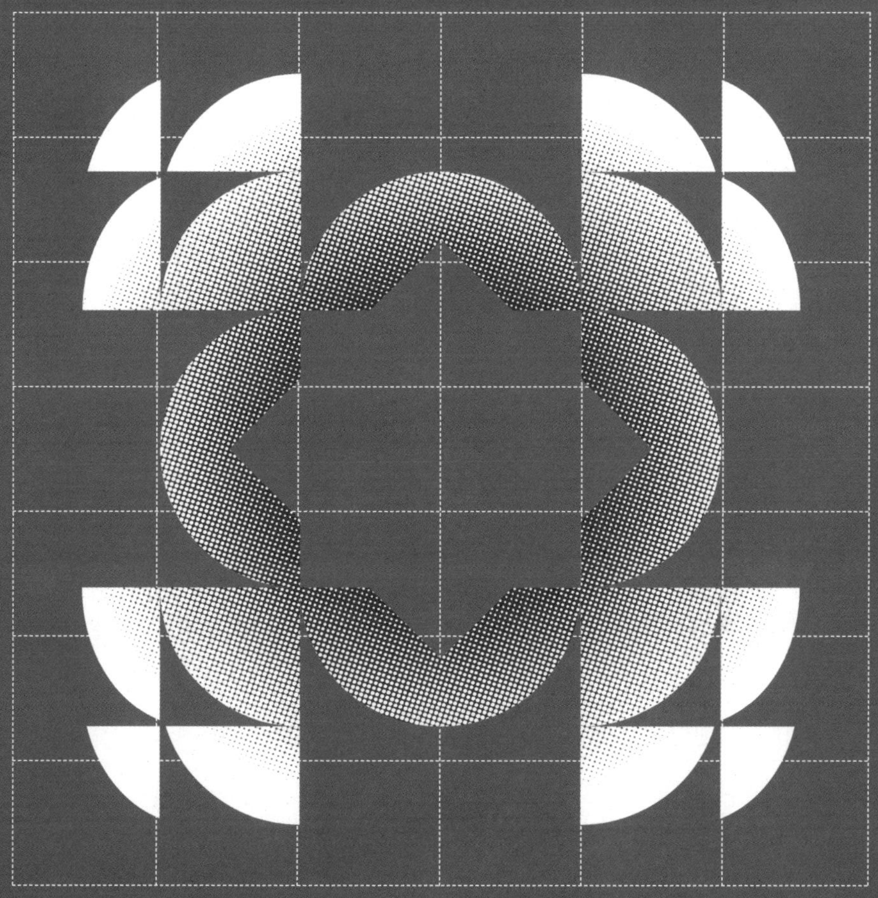

자산국가를 실현하기 위한
전제조건들

아이디어는 강력하더라도, 구조가 뒷받침되지 않으면, 현실은 바뀌지 않는다.

우리가 지금 이야기하는 '자산국가'는 더 나은 복지 정책을 말하는 것이 아니다. 단순한 이상도 아니고, 사회 혁신에 대한 추상적 언급도 아니다. 자산국가는 지금의 구조가 만들어내는 감정적 단절, 기회의 격차, 자원의 왜곡을 근본적으로 뒤집는 새로운 사회 운영 체계다. 그리고 이 체계는 개념으로만 존재해서는 아무런 변화를 만들어낼 수 없다. 반드시 현실 위에서 작동하는 구체적이고 정교한 설계로 완성되어야 한다.

지금 우리가 사는 사회에는 수많은 제안이 넘쳐난다. 공정한 분배, 더 나은 복지, 더 창의적인 교육, 더 발전된 기술. 그러나 왜 대다수의 제안은 기대한 만큼의 변화를 만들어내지 못했는가? 이유는 복잡

　　　　　　　　　　새로운 자산국가: 코리아 스탠다드

해 보일지 몰라도, 핵심은 단순하다. '의도'는 분명했지만, 그것을 지탱할 '구조'가 설계되지 않았기 때문이다.

어떤 시스템이든 실제로 작동하려면 다섯 가지 층위를 함께 움직여야 한다. 바로 제도, 기술, 교육, 감정, 그리고 시민 의식이다. 이 다섯 가지는 독립적인 요소가 아닌 하나의 생태계다. 하나라도 빠지면 나머지가 무너진다. 자산국가는 특히 이 다섯 가지가 유기적으로 맞물릴 때만 실현 가능한 시스템이다. 왜냐하면 이 모델은 기존 국가가 해온 일방적 '재분배'가 아니라, 국민이 직접 설계하고 실행하는 '참여와 책임'의 구조이기 때문이다. 앞서 설명한 것처럼 세금을 걷어 나누는 것이 아니라, 시민이 직접 제안하고, 투자하고, 실패하고, 개선하는 순환의 틀을 만들어야 한다.

따라서 이 장은 자산국가라는 아이디어가 어떻게 현실로 전환될 수 있는지, 그 핵심 전환 과정을 구체적으로 짚고, 각 조건이 어떻게 서로 연결되어야 하는지를 다룬다. 아이디어에서 설계로, 설계에서 실행으로 넘어가는 과정에서 반드시 마련해야 할 제도, 기술, 교육, 감정, 시민의 역할을 풀어내며, 각각이 어떻게 유기적으로 작동할 때 비로소 전체 구조가 실현될 수 있는지를 보여준다.

이제 우리의 질문은 바뀌었다. "이 시스템이 좋은가?"가 아니라, "이 시스템이 실제로 작동하기 위해 무엇이 필요한가?"다. 정책과 제도, 기술과 교육, 감정과 문화, 그리고 시민의 역할까지, 이제부터 하나하나 현실의 조건으로 내려와 살펴볼 것이다. 그리고 그 안에서 자산국가가 만들어낼 수 있는 가장 구체적이고 실질적인 가능성을 발견하게 될 것이다.

제도적 기반: 기존 법과 제도의 유연한 재설계

자산국가는 이상론이 아니다. 기존 복지 정책을 한 단계 끌어올리는 데 그치는 것도 아니다. 자산국가의 개념은 훨씬 더 근본적인 질문에서 출발한다. "국가라는 구조 자체를 어떻게 다시 설계할 수 있을 것인가?" 그리고 이 질문은 결국 "법과 제도의 구조를 어떻게 바꿔야 가능한가?"라는 현실적인 문턱 앞에 도달한다.

우리가 현재 사용하는 법과 제도는 산업화 시대에 설계된 것이다. 국민은 일하고, 국가는 세금을 걷고, 국가는 복지와 행정 서비스로 이를 다시 분배한다. 이러한 선형적 모델은 효율성과 성장을 극대화하는 데 초점을 맞췄다. 그러나 오늘날의 문제는 더 이상 이 구조 안에서 해결되지 않고 있다. 생산과 고용의 연결 고리는 미약해졌고, 중산층은 점점 해체되고 있으며, 자산이 새로운 기회의 기준으로 자리 잡았다. 이 변화된 현실 속에서 자산국가는 기존의 법과 제도의 틀을 뛰어넘는 현실적인 설계와 운용 방식을 필요로 한다. 단순히 더 많은 복지를 제공하는 것이 아니라, 참여와 기여를 중심으로 수익과 설계를 나누는 시스템 말이다. 이것은 '소득 중심 구조'에서 '자산 중심 구조'로의 패러다임 전환이다. 그런데 이 새로운 모델이 작동하려면, 지금의 법과 제도는 그 자체로 걸림돌이 된다.

예를 들어보자. 한 지역에서 주민들이 공동으로 출자해 태양광 발전소를 세우고, 거기서 발생한 수익을 지역 공공 프로젝트에 재투자하려고 한다고 해보자. 이때 이 자산은 법적으로 누구의 소유인가? 수익은 어떻게 과세되며, 손실이 발생했을 때 책임 소재는 어떻게 정해

    새로운 자산국가: 코리아 스탠다드

지는가? 현재의 법체계는 이에 대한 분명한 답을 내리지 못한다. 실제로 2017년 경기도 A시에서는 공유 부지를 리모델링해 주민 창업 공간으로 바꾸려는 프로젝트가 있었다. 주민들은 출자금까지 모았고 계획도 세웠지만, 이 출자금에 대한 법적 보호 장치가 없어 문제가 발생했다. 주민들은 출자자로서의 법적 권리도, 공동 소유자로서의 명의도, 공공 프로젝트 참여자로서의 행정적 보장도 얻지 못했다. 보호받을 수 있는 법적 지위가 애매한 상태였기에, 프로젝트는 지속성을 잃고 결국 실패로 끝날 수밖에 없었다.

자산국가가 가능해지려면 기존 제도의 '균열'을 메우는 수준을 넘어, 완전히 새로운 프레임을 구축해야 한다. 특히 세 가지 영역에서의 재설계가 시급하다.

첫째, '소유' 개념의 확장이다.

우리는 전통적으로 소유를 '개인 소유'와 '국가 소유'로 나누어 왔다. 그러나 자산국가는 그 중간 지대에 있는 '공공 참여형 소유(Public-participatory Ownership)'라는 개념을 제안한다. 이 영역은 현재 민법, 협동조합법, 공유재산법 등 기존 법체계에서 명확히 정의되지 않는다. 시민이 공동으로 자산을 설계하고, 운영하며, 책임지는 구조를 법적으로 보장할 수 있는 새로운 법적 틀이 필요하다.

예를 들어, 자산국가에서 일정 규모 이상의 주민 출자 프로젝트는 '공공 참여 자산'으로 등록되어야 한다. 이는 단순히 동네 모임 수준의 비공식적 활동을 넘어서, 정식적 활동으로 법적 실체를 부여받는다는 뜻이다. 이 법적 실체는 명확한 규정을 가진다. 주민이 낸 출자금은 단순 기부금이나 일회성 후원이 아니라, 합법적 투자금으로 간주된다. 따라서 이 자산은 일정 기간마다 재무 보고를 하고, 수익이 발생할 경우 그 분배 비율과 방식이 사전에 투명하게 정해져 있어야 한다. 또한 손실이 발생할 경우 누가 어떻게 감당할지를 명문화해 불확실성을 최소화한다.

이 구조의 핵심은 단지 법적인 보호의 차원을 넘어서, 주민들이 신뢰할 수 있는 공동 설계 시스템을 제도적으로 갖추는 데에 있다. 사람들은 단지 수익을 얻기 위해 참여하기보다, 기여에 대한 존중과 공정한 분배, 그리고 투명한 문제 해결 절차에 대한 확신이 있을 때 비로소 움직인다. 이런 제도적 장치는 프로젝트의 지속성을 강화하고, 공동체 안에 책임과 신뢰의 문화를 심어주는 토대가 된다.

둘째, '분배' 개념의 재정립이다.

현재의 분배는 국가가 필요한 사람에게 선별적으로 제공하는 복지에 기초한다. 하지만 자산국가는 '참여와 기여'를 중심으로 한 분배를 추구한다. 중요한 것은 이 분배가 복지가 아니라 '보상'으로 인식될 수 있어야 한다는 점이다. 이를 위해서는 세법 안에 '참여 기반 수익'이라는 새로운 소득 분류를 도입할 필요가 있다.

예를 들어, 지역 프로젝트에 참여한 시민이 받는 배당금은 단순히 이자나 배당 소득 같은 금융 수익으로만 봐서는 안 된다. 그 돈은 단순한 자본 운용의 대가가 아니다. 기획에 참여하고 아이디어를 제안하거나 의사결정에 동참한 시민이 설계자이자 기여자로서 받는 정당한 보상이다. 즉, 그 사람은 단순한 투자자가 아니라, 공동체 자산의 형성과 운영에 직간접적으로 기여한 주체라는 것이다.

이런 맥락이 법과 제도 안에서 명확히 정의되지 않으면 문제가 생긴다. 지금처럼 제도화가 안 되어 있으면, 주민이 지역 프로젝트에 참여해 작은 수익을 얻더라도 그것은 단순 기타 소득이나 금융 소득으로 분류되어 버린다. 세금 부과 방식이나 법적 해석상에서 '참여 기반 보상'이라는 의미가 사라지는 것이다. 그러면 시민들이 체감하는 정당성은 약해지고, '내가 한 일에 합당한 보상을 받았다'는 심리적 만족도도 줄어든다. 결국 이런 허점은 참여 동기를 약화시키고, 시민을 다시 국가가 정해주는 것을 받는 수동적 수혜자로 되돌려 놓는다.

자산국가 모델이 제대로 작동하려면, 이러한 참여 기반 소득이 공식적으로 인정받고, 정책, 세제, 제도 안에서 명확한 분류와 보호를 받아야 한다. 이 참여 기반 소득은 그 성격상 최소한 일정 부분 면세 혜택을 적용하거나, 별도의 세제 분류로 다뤄야 할 필요성이 있다. 이는 단순히 세금 감면 차원의 논리가 아니라, 참여와 기여의 구조를 제도적으로 보장하고, 공공 기여 활동의 가치를 공식적으로 인정한다는 점에서 정책적·윤리적 의미를 갖는다. 그래야 시민들은 단순히 손익만 보고 참여하는 것이 아니라, 이 사회 구조 안에서 설계자와 기여자로 참여한 만큼의 정당한 보상을 받는다고 신뢰할 수 있다.

셋째, '참여 권한'의 법적 보장이다.

자산국가는 참여가 전제다. 그러나 현재 대부분의 시민 참여는 자문 수준에 머물고 있다. 정책 설계는 여전히 하향식(Top-down) 구조에 머물러 있으며, 시민은 단순히 의견을 내는 수준에 그친다. 자산국가에서는 시민이 직접 설계하고, 감시하며, 필요할 때 수정할 수 있는 권한이 법적으로 보장되어야 한다. 이를 위해서는 주민참여예산제, 전자민주주의 플랫폼, 디지털 공공정보법 등이 유기적으로 연결되어야 하며, 제안·투표·회수·감사 전 과정에서 실질적 참여 권한을 보장하는 '시민 설계자 시스템'이 필요하다.

이때 참여는 단순히 의견을 내거나 설문 조사에 응답하는 수준에서 그쳐서는 안 된다. 시민의 제안, 투표, 의사결정이 실제로 정책 설계와 자산 운용 과정에 실질적인 영향을 미치고, 결과를 변화시킬 수 있는 법적 효력을 가져야 한다. 예컨대, 시민들이 공공 프로젝트의 우선순위를 투표로 정하면 해당 결과는 행정기관이 반드시 일정 비율 이상 반영해야 하며, 시민 협의체에서 결정한 예산 사용 방향은 법적 구속력을 가지고 실행되어야 한다. 이렇게 참여가 단순한 의견 수렴을 넘어서, 실제 의사결정 권한과 연결될 때만 시민은 자신을 '설계자'로 인식할 수 있고, 시스템은 진정한 참여형 거버넌스로 작동할 수 있다.

해외에서는 이미 이러한 참여 권한의 법적 보장을 구체화하는 움직임이 나타나고 있다. 스페인은 2022년 '사회연대 경제법'을 제정해 시민 커뮤니티가 공공 자산을 공동 설계하고 소유할 수 있는 법적 지위를 부여했다. 이 법은 지역 자산 플랫폼에 법인격을 부여하고 세제 혜택을 제공해, 시민 주도의 자산 설계를 촉진했다. 바르셀로나에서는 이 법을 기반으로 시민과 사회적 기업이 협력해 폐건물을 리모델링한 공동 주택 프로젝트를 추진했으며, 이를 통해 저소득층에게 안정적인 주거를 제공했고, 시민들은 실질적인 소유권과 운영 권한을 행사하고 있다.

캐나다의 '커뮤니티 투자법'은 비영리 조직이 지역 기반 자산에 투자해 수익을 창출할 수 있도록 법적 권한을 보장한다. 예컨대, 밴쿠버의 한 비영리 단체는 공동 태양광 발전소를 설계·운영해 발생한 수익을 지역 학교, 복지 센터, 공공 예술 프로젝트 등에 재투자한다. 이때 단체와 시민들은 단순한 기부자가 아니라, 설계자이자 의사결정 참여자로서 법적으로 인정받는다.

독일의 '시민 에너지법'은 주민들이 직접 태양광·풍력 같은 재생 에너지 설비에 투자하고, 거기서 발생한 수익을 공동 배당금과 마을 기반 시설로 순환시킬 수 있도록 법적으로 보장한다. 예를 들어, 바이에른주의 한 마을에서는 주민들이 공동으로 풍력발전소를 세우고, 수익 일부를 개인 배당으로, 나머지는 지역 기반 시설 강화에 투입해 지역 경제를 활성화하는 데 기여했다.

한국도 이러한 변화의 흐름에 점차 합류하고 있다. 2022년 개정된 '지역 상생 협력법'은 주민과 지자체가 공동 자산을 설계하고 운영할 수 있는 법적 근거를 마련했다. 이를 통해 일부 지역에서는 주민 출자 기반의 에너지 설비, 농촌 유휴 공간의 사회적 활용, 마을 단위 공동 창업 같은 실험들이 추진되기 시작했다. 전북 완주군은 이 법을 활용해 주민 협동조합 중심의 식품 가공 사업과 관광·문화 사업을 결합한 모델을 도입했고, 경기 수원시는 공동주택 주민들이 에너지 절감 프로젝트에 참여할 수 있도록 행정·법적 지원 체계를 마련했다.

또한 현재 논의 중인 '사회적 경제 기본법'은 자산국가 모델을 제도적으로 뒷받침할 핵심 법안으로 주목받고 있다. 이 법은 사회적 기업, 협동조합, 마을 기업 등이 자산 기반 사업을 보다 자유롭게 설계하고 운영할 수 있도록 법적 권한과 세제 혜택을 부여하는 내용을 담고 있다.

하지만 이 같은 법적 장치들이 마련되고 있음에도 불구하고, 여전히 풀어야 할 과제는 많다. 우선, 공공성과 수익성의 경계가 불분명하다. 예컨대, 주민 출자 프로젝트에서 발생한 수익은 공공 목적에만 사용해야 하는지, 아니면 참여자 개인에게 배당할 수 있는지, 혹은 둘을 어떻게 조합할 수 있는지에 대한 명확한 가이드라인이 부족하다. 이 문제는 사업 설계 초기부터 혼선을 일으킬 수 있고, 책임 소재가 불명확해질 경우 갈등으로 번질 위험이 크다.

또한, 시민 출자에 대한 법적 보호 장치가 미비하다. 현행법에서는 출자금의 성격(기부, 투자, 대여 등)을 명확히 구분하지 못하거나, 사업 실패 시 손실을 어떻게 분담할 것인지에 대한 체계가 부족하다. 앞서 언급된 경기도 A시의 주민 창업 공간 프로젝트는 법적 보호 장치 부재로 인해 출자금 회수와 손실 보전 문제에서 주민 간 갈등이 발생했고, 결국 사업이 좌초된 사례다.

이러한 모호함은 행정상의 문제를 넘어 주민 참여의 지속성을 위협하고 공동체 기반의 신뢰를 약화한다. 이처럼 실패에 대한 책임 소재가 불명확한 상태에서, 한두 번의 실패 사례가 누적되면 '어차피 참여해 봐야 손해'라는 인식이 퍼지고, 참여 기반 프로젝트 전체의 신뢰도가 흔들리게 된다.

자산국가는 제도 밖에서의 혁신이 아니다. 그것은 제도 안에서의 재설계다. 시민의 참여, 기여, 설계, 배당이 하나의 순환 흐름 안에서 작동하려면, 법과 제도는 그 흐름을 가로막는 장벽이 아니라, 원활히

     새로운 자산국가: 코리아 스탠다드

흐르게 만드는 수로가 되어야 한다. 새로운 법은 새로운 시민을 만든다. 그리고 자산국가의 구조는, 바로 그 새로운 시민성을 전제로 한다.

기술적 조건: 투명성과 신뢰를 위한 인프라

아무리 자산국가의 구조가 훌륭하게 설계되어 있어도, 시민이 그 시스템을 '믿고' 참여하지 않으면 아무 일도 일어나지 않는다. 시스템은 설계만으로 작동하지 않는다. 참여와 실행의 열쇠는 결국 감정이다. 시민이 "이 시스템은 공정하다", "내 참여가 실제 변화를 만든다"고 느껴야 비로소 움직인다. 따라서 자산국가의 기술은 단순한 기능 제공이 아니라, 감정을 설계하는 기술이어야 한다. 기술은 곧 '신뢰의 건축물'을 세우는 재료다. 여기서 필요한 기술들은 크게 세 가지로 나뉜다.

먼저 블록체인 및 분산형 장부다. 블록체인은 참여 내역, 의사결정 기록, 자금 흐름 등을 중앙 서버가 아닌 분산 네트워크에 기록한다. 이는 데이터를 조작하거나 은폐할 수 없게 만들고, 언제든지 누구나 열람할 수 있게 한다. 예를 들어 어떤 주민이 청년 주거 프로젝트에 소액 투자했다면 그 투자 내역, 집행 단계, 발생한 수익, 재투자 계획까지 모든 과정이 블록체인상에서 투명하게 기록된다. 이것은 단순한 금융 데이터가 아니라 "내 돈이 어디로 어떻게 쓰였는지"를 보여주는 자료인 동시에 누군가에 의해 조작되거나 소실되지 않는 확실한 보증서다.

다음으로 실시간 회계·성과 시각화 대시보드가 필요하다. 많은 플랫폼이 데이터를 공개한다고는 하지만, 중요한 것은 "이해 가능성"

이다. 실시간 회계 대시보드는 예산 사용 내역, 프로젝트별 성과, 투자 대비 수익률, 향후 계획 등을 그래프, 차트, 알림 형태로 직관적으로 정보를 제공한다. 시민은 단순히 숫자 파일을 다운받는 것이 아니라, 매주 혹은 매달 "내 참여가 어떤 변화를 만들고 있는지"를 시각적으로 확인할 수 있게 된다. 마을 공동 태양광 프로젝트의 경우 '이번 달 발전량 vs 수익', '재투자 비율', '참여자별 배당 예상치'가 스마트폰 앱을 통해 실시간으로 업데이트된다.

마지막으로 디지털 참여 플랫폼이 중요하다. 참여의 장벽을 낮추는 것이 핵심이다. 참여 플랫폼은 웹·앱에서 누구나 쉽게 제안서를 제출하고, 프로젝트에 투표하며, 토론에 참여할 수 있는 사용자 친화적 환경을 제공해야 한다. 특히 스마트폰 기반 알림, 챗봇, 음성 안내 서비스까지 연계하면 고령층, 비전문가도 쉽게 참여할 수 있다. 예를 들어, 농촌 지역의 고령층 주민이 음성 인터페이스로 '우리 마을 돌봄 서비스 개선 제안'을 등록하고, 지역 담당자가 디지털 플랫폼에서 이를 정리해 전체 주민 투표에 부칠 수 있다.

시스템은 결국 '경험'이다. 에스토니아는 전 세계에서 디지털 행정 혁신의 대표 국가로 꼽히지만, 그 성공은 단순히 기술로부터 온 것이 아니다. "행정 서비스는 느리고 불투명하다"는 시민의 피로감을 풀기 위해 '모든 정보를 언제든 조회할 수 있는 구조'를 만들었고, 그 위에 블록체인 기술을 도입했다. 시민은 기술을 통해 일방적으로 정보를 받는 대신, "내가 통제할 수 있다"는 감정을 체험했다. 반면 일본의 일부 지역 통화 블록체인 실험은, 기술적으로는 성공했지만 감정 설계에 실패한 사례다. 지역 통화를 암호 화폐로 설계해 높은 초기 참여율을

   새로운 자산국가: 코리아 스탠다드

이끌어냈지만, 왜 이 시스템을 계속 써야 하는지, 어떤 감정적 의미가 있는지 전달하지 못해 사용률은 급격히 떨어졌다. 이 두 사례는 기술 도입 자체보다, 기술이 설계하는 시민의 경험과 감정이 결정적이라는 점을 보여준다.

한국은 전 세계에서 가장 촘촘하고 빠른 디지털 인프라를 가진 나라 중 하나다. 스마트폰 보급률 95% 이상, 5G·와이파이 커버리지, 모바일 금융과 결제의 일상화, 이 모든 것은 자산국가 설계의 디지털 토양이다. 핀테크 기업들은 이미 소액 투자, P2P 금융, 마이크로 크라우드 펀딩 플랫폼을 실험하고 있다. 이들을 공공 시스템과 연계하면, 기존의 주민참여예산제, 공공 플랫폼 등을 '자산 설계 플랫폼'으로 전환하는 것은 충분히 현실적인 목표다. 서울시의 디지털 시민청 프로젝트는 그 가능성을 보여주는 예다. 2023년 기준, 시민 13만 명이 디지털 플랫폼을 통해 예산 제안서를 제출했고, 정책 편성 과정에 참여했다. 여기에 블록체인, 실시간 회계, 성과 시각화 기술이 결합된다면, 단순한 '참여'를 넘어 '소유와 설계의 구조'로 확장될 수 있다.

기술은 감정을 다루는 가장 현대적인 언어다. 사람들은 데이터보다 이야기, 설명보다 감정을 먼저 이해한다. 따라서 기술은 단순한 효율성을 넘어서, 참여 감정과 신뢰 감정을 설계하는 도구여야 한다. 특히 주목할 점은 수익이 돈을 버는 것 이상의 감정적 의미로 작동해야 한다는 점이다. 시민이 어떤 프로젝트에 참여해 수익을 얻을 때, 그 경험은 이익 창출만이 아니라 "내가 기여해 구조를 변화시켰다"는 감각, "내 행동이 공동체에 실제로 반영되었다"는 감각을 함께 가져와야 한다. 기술은 바로 이 복합적 감정을 설계하는 역할을 한다.

스마트폰 앱에서 '내 투자 프로젝트'의 진행 상황을 실시간으로 확인하고 수익 배당이 들어올 때, 금액 알림만 받는 것이 아니라, "이번 수익의 일부는 지역 돌봄 서비스에 재투자되었습니다", "내가 참여한 설계가 주민 만족도 15% 상승을 이끌었습니다"와 같은 정보가 함께 전달된다면, 시민은 투자자나 수혜자가 아니라, 설계자이자 공동 창조자로서의 감각을 얻게 된다. 이 감각은 금전적 보상보다 더 강한 내적 동기를 만들어낸다. 왜냐하면 인간은 본능적으로 '내가 만든 결과물'에 애착을 느끼고, 그것이 타인에게 긍정적인 영향을 미쳤을 때 더 강한 만족감을 느끼기 때문이다. 결국 시민이 "내 참여가 의미 있고, 내가 주도권을 가진다"고 믿게 만드는 기술, 그리고 그 기술을 통해 얻은 수익이 단순한 이익을 넘어 정체성과 공동체적 의미로 연결되는 시스템, 그 위에서 자산국가는 비로소 작동할 수 있다.

교육 시스템: 투자자이자 설계자로서의 역량

자산국가가 제도와 기술을 통해 작동하려면, 그 구조 안에 참여하는 '사람'이 준비되어 있어야 한다. 자산국가의 핵심은 '참여자'이며, 그 참여자는 단순한 유권자나 납세자가 아니다. 그는 스스로의 자산을 해석하고, 설계하고, 타인과 협업하며, 실패를 감수할 줄 아는 '사회적 투자자'다. 그리고 그런 사람은 교육 없이 만들어지지 않는다.

기존 사회는 시민에게 근로와 소비의 기술을 가르쳐왔다. 좋은 대학을 가기 위한 학습, 안정된 직장을 위한 스펙, 그리고 합리적인 소

　　　　　　　　　새로운 자산국가: 코리아 스탠다드

비를 위한 정보들. 하지만 '공공 설계자'로서의 시민을 준비시키는 교육은 부족했다. 자산국가는 이 교육 구조를 전환한다. 이제 시민은 '정해진 틀 안에서 움직이는 사람'이 아니라, 그 틀 자체를 제안하고, 수정하고, 운영하는 사람이어야 한다.

그렇다면 자산국가형 시민에게 필요한 역량은 무엇일까? 첫째는 재정 감각이다. 단순히 소비나 저축에 머무르지 않고, 자산의 구조를 이해하고, 장기적 리스크를 해석하며, 수익과 손실을 스스로 판단할 수 있는 힘이다. 둘째는 공동체적 상상력이다. 나의 자산이 어떻게 '우리의 구조'와 연결되는지 감각적으로 이해하고, 나 혼자가 아니라 함께 만들어가는 사회를 상상할 수 있는 능력이다. 셋째는 참여 역량이다. 제안서를 쓰고, 프로젝트에 투표하며, 피드백을 제공하고, 때로는 실패를 학습하면서도 다시 도전할 수 있는 감정적 탄력성이다. 이 모든 것은 단순히 금융 지식이나 정보 습득을 넘어, 시민으로 살아가는 태도이자 사회적 기술이다. 자산국가가 작동하려면, 이 역량을 가진 참여자들이 준비되어야 한다. 그러기 위해서 교육은 선택이 아니라 필수이다. 실험과 학습의 축적이야말로 자산국가의 현실화를 위한 근본적인 토대가 된다.

해외 사례를 보면 그 가능성이 구체적으로 보인다. 앞서 소개한 핀란드의 기본 소득 실험은 단순한 현금 지원이 아니라, 시민이 자율성을 학습하고 사회적 행동의 폭을 확장할 수 있게 하는 하나의 '교육적 실험장'이었다. 이 실험에서 별도의 교육이나 개입이 없었음에도, 소득 안정이 시민의 학습 태도와 행동 변화를 이끌어냈다는 점은 매우 고무적인 성과였다. 이 경우에서 알 수 있는 것처럼, 돈을 단순히 주는 것과 돈을 통해 "내가 주체적으로 설계할 수 있다"는 감각을 주는 것은 완전히 다르다.

에스토니아는 세계 최초의 디지털 시민국가로 불린다. 전 국민에게 전자신분증을 발급하고, 주민등록, 세금 납부, 의료 기록, 심지어 총선 투표까지 모두 디지털 기반에서 처리한다. 하지만 중요한 것은 단순히 기술 인프라를 갖춘 것이 아니다. 에스토니아 정부는 초등학교 때부터 '디지털 시민 교육'을 실시해, 국민이 공공 데이터를 이해하고, 자신의 정보가 어떻게 쓰이는지 감시하며, 필요한 경우 직접 수정·설계할 수 있는 역량을 길렀다. 2022년 기준, 국민의 99%가 전자 행정을 사용하고, 국민의 70% 이상이 온라인 공공 참여 경험을 보유하고 있다. 기술은 기계적 도입이 아니라, 시민이 '이용할 수 있게 교육받았을 때' 진짜 사회적 자산이 된다.

영국은 전국의 여러 지방 정부에서 '시민 예산 샌드박스' 프로그램을 운영한다. 예산 규모가 큰 공공 프로젝트에서, 실제 주민들에게 가상으로 예산을 배분·조정해 보는 실험을 한다. 주민들은 "어떤 항목에 더 투자할지", "어떤 항목은 줄여야 하는지"를 직접 고민하고, 그 선택이 가져오는 결과를 시뮬레이션을 통해 체험한다. 예컨대, 한 지역의 주민들은 청소년 복지 예산을 늘리는 대신 환경 미화 사업 예산을 줄이는 선택을 했고, 몇 달 뒤 청소년 센터 이용률이 많이 늘어나는 성과를 목격했다. 이는 예산 설계가 단순히 숫자의 문제가 아니라, 사람들의 감정과 우선순위, 사회적 영향을 학습하는 과정임을 보여준다. 사람들은 직접 체험하고 결과를 볼 때 "구조를 설계할 수 있다"는 자신감을 얻는다.

한국은 아직 초기 단계지만 변화의 씨앗이 뿌려지고 있다. 금융 감독원은 '청소년 금융 교육 의무화 로드맵'을 발표해, 전국 초중고등학교에서 금융 기초 교육을 확대하려 하고 있다. 교육부는 디지털 리터러시 강화 방침을 세우고, 청년 정책학교 같은 실험적 프로그램을 통해 청년들이 직접 정책을 제안하고 실행하는 경험을 하도록 유도하고 있다. 하지만 현실은 여전히 뒤처져 있다. 2021년 기준 금융 사기 피해자의 약 42%가 20~30대였고, 전체 피해액은 7,000억 원을 초과했다. 이는 단순한 정보 부족 때문이 아니라, 시민들이 위험을 식별하고 대응할 수 있는 구조적, 심리적 역량을 배우지 못했기 때문이다. 교육은 개인의 생존 문제를 넘어, 사회 전체의 리스크를 줄이는 공공 자산이 된다. 교육은 단순한 정보 전달이 아니라, 시민을 구조 설계자로 키우는 사회적 투자다.

자산국가가 작동하려면 시민은 단순한 '금융 소비자'가 아닌 '공공 설계자'가 되어야 한다. 이 변화는 한순간에 이루어지는 것이 아니라, 꾸준한 훈련과 반복을 통해 체득되어야 한다. 그러기 위해서는 학습이 단편적인 지식이 아니라 실전 경험에 가까운 훈련이 되어야 한다. 이를 위해 필요한 교육은 다음과 같은 세 가지 유형으로 정리될 수 있다.

1. 인지적 학습 – 구조를 이해하는 힘

가장 먼저 필요한 건 자산의 흐름, 시장 메커니즘, 공공 프로젝트의 재정 구조에 대한 직관이다. 예를 들어, 청소년이나 청년을 대상으로 '가상의 지역 공공 프로젝트'를 설계하는 워크숍을 구성할 수 있다. 참가자들은 태양광 발전소, 청년 창업 공간, 지역 문화 재단 등 다양한 시나리오 중 하나를 고르고, 예산을 짜고, 수익 모델을 만들고, 이해 당사자들과 협상하며 결정을 내린다. 서울시나 경기청년마을에서 시범적으로 이런 프로그램이 운영된 바 있으며, 참여자들은 "단순한 정책 설명보다 내가 직접 설계한 경험이 이해를 훨씬 빠르게 만든다"고 응답했다. 구조를 '해석'할 수 있어야, 실제 자산국가 시스템 안에서 판단과 행동이 가능해진다.

2. 감정적 학습 – 실패와 기여를 받아들이는 힘

한국 사회는 실패에 대한 관용이 부족한 편이다. 하지만 자산국가는 '설계 참여'가 일상이기 때문에, 작은 실패와 실험은 구조 안에 내장되어야 한다. 이 감정적 회복력은 교육을 통해서만 길러진다. 실제로 2021년 서울의 한 구청에서 청년 기획단이 운영한 '우리 동네 투자 게임'에서는 가상의 예산을 가지고 실제 지역 문제를 해결하는 방식의 시뮬레이션이 진행되었다. "청소년 센터를 고칠지, 노인 회관을 신축할지" 같은 갈등 상황이 주어졌고, 투표로 결정된 선택이 나중에 어떤 효과를 가져오는지 피드백이 제공되었다. 그 과정에서 참가자들은 '소외된 그룹의 반발', '예상치 못한 비용 초과', '다수결의 맹점' 같은 현실적인 문제에 따른 다양한 시행착오를 겪게 되었다. 실패의 결과를 직접 체감하고 그 복구 과정을 학습하여 설계자로서의 책임감과 '공공 감수성'을 훈련하는 경험이 된 것이다. 이것이 바로 자산국가가 지향하는 '실패를 통해 배우는 구조'의 교육적 모델이라 할 수 있다.

   새로운 자산국가 : 코리아 스탠다드

3. 참여적 학습 – 함께 설계하는 능력

마지막으로, 자산국가의 시민은 타인과 함께 설계하고 운영하는 능력이 필요하다. 이는 단순히 팀플레이가 아니라, 공공의 감정과 의견을 조율하는 기술이다. 이때 필요한 건 '함께 결정하는 경험'이다. 전북 완주군의 사회적경제마을학교에서는 마을 주민들이 함께 지역 자산을 설계하고, 수익을 분배하고, 돌봄 프로그램을 운영하는 훈련을 해왔다. 이 프로젝트의 가장 큰 효과는 "주민들이 수동적 수혜자라는 틀을 깨고 의견을 낼 수 있는 사람으로 변해간 것"이었다. 교육은 이처럼 구체적이고 맥락 기반이어야 한다. 온라인 강좌 몇 개로는 감정적 구조가 바뀌지 않는다. 우리가 설계하고자 하는 것은 단순한 정보 전달이 아니라, 사회적 역할 전환이다.

교육 요소	주요 내용	실제 적용 예시
인지적 학습	자산 흐름 이해, 재정 설계	지역 자산 프로젝트 워크숍, 공공 예산 시뮬레이션
감정적 학습	실패 감수, 책임감 훈련	지역 투자 게임, 실전형 정책 시뮬레이션
참여적 학습	협업과 조율, 공공 감정 다루기	마을 기획 학교, 주민 참여 공동 설계 실습

이런 방식의 교육은 단지 정보의 전달을 넘어, 시민의 정체성과 태도를 바꾸는 과정이다. 자산국가는 참여자가 준비되어야 작동한다.

그리고 그 참여자는 훈련을 통해 만들어진다. 교육은 선택이 아니라, 구조의 일부인 것이다. 참여자는 태어나는 것이 아니라, 길러지는 것이다. 자산국가에서 시민은 단순한 납세자도, 복지 수혜자도 아니다. 시민은 설계자이며, 책임자이며, 창조자다. 이러한 시민을 만들 수 없다면, 자산국가는 단지 구조물에 불과하다. 참여는 교육에서 시작된다. 교육을 통해 시민이 구조를 이해하고, 나의 자산과 사회의 연결을 상상할 수 있어야 비로소 자산국가는 '작동하는 시스템'이 된다.

감정 구조와 문화적 전환: 소유에서 설계로

우리는 종종 사회 구조를 정책과 제도의 조합으로 생각한다. 하지만 그 구조를 움직이는 근본적인 것은 사람들의 감정이다. 제도가 아무리 좋아도, 감정이 따라오지 않으면 구조는 작동하지 않는다. 그래서 자산국가의 실현은 법과 제도의 개편만이 아니라, 감정 구조의 전환이다. 자산국가는 '소유'의 시대에서 '설계'의 시대로 넘어가기 위한 정서적 변화 위에 세워진다.

한국 사회의 감정 구조를 이해하려면 '소유'와 '비교'라는 키워드를 빼놓을 수 없다. 한국에서 개인의 사회적 위치는 단순히 "얼마나 열심히 노력했는가"로 결정되지 않는다. 오히려 "무엇을 소유했는가, 남보다 얼마나 더 가지고 있는가, 어떤 위치에 올라섰는기"로 끊임없이 평가된다. 부동산 가격, 연봉 순위, 직장 브랜드, 학벌 네임 밸류, 이 모든 요소가 개인의 정체성을 규정하는 감정적 지표로 작용한다. 2023

        새로운 자산국가: 코리아 스탠다드

년 한국은행 조사에 따르면, 국민의 68%가 "자산이 곧 사회적 위치를 결정한다"고 답했다. 이는 단순한 사회적 인식이 아니라, 사회 전반에 깊숙이 각인된 감정 코드다.

이러한 구조는 방송과 대중문화에서도 반복적으로 강화된다. 방송광고진흥공사의 2022년 콘텐츠 분석에 따르면, 한국 TV 드라마의 35% 이상이 '부유함' 혹은 '계급 상승'을 주요 서사로 삼고 있었다. 그만큼 사람들은 이야기에서조차 "누가 더 가졌는가", "누가 더 높은 곳으로 올라갔는가"를 중심으로 감정을 움직인다. 문제는 이 감정 구조가 과소비나 과잉 경쟁을 부추기는 수준에서 그치지 않는다는 점이다. 사회 전체를 '성과지상주의'와 '소유 불안'의 심리적 그물망 안에 가두어 버린다.

특히 오늘날의 2030세대는 한 번도 '소유의 안정'을 경험해 본 적이 없는 세대다. 그들이 사회에 진입할 즈음 이미 부동산 가격은 폭등했고, 정규직 채용은 축소되었으며, 상대적 박탈감은 커져만 갔다. 그 결과 이 세대는 물리적 소유로는 불가능한 안정감을 대신할 무언가를 찾아 나섰다. 가상 자산, 미래 설계, 사회적 가치 투자 같은 키워드들이 이들에게 강한 감정적 울림을 주는 이유가 여기에 있다. 이들은 '현실의 소유'를 포기하거나 유예하는 대신, 새로운 영역에서 자신만의 설계자 감각을 찾으려 한다.

이처럼 한국 사회의 감정적 기반에는 "무엇을 더 갖고 싶다"는 욕망만이 아니라, "이대로는 결코 도달할 수 없다"는 집단적 무력감이 뒤엉켜 있다. 자산국가가 이런 사회에 던지는 질문은 단순히 재분배의 문제가 아니다. 과연 우리는 소유의 감정 구조 자체를 바꿀 수 있는가,

그리고 개인이 다시 자기 삶의 설계자로 복귀할 수 있는 구조를 만들 수 있는가 하는 것이다.

"왜 우리는 돈을 더 가지는 것을 목표로 살아야만 하는가?" "그 돈이 공동체를 설계하는 도구가 될 수는 없는가?" 이 제안은 사람들의 욕망이나 불안을 억누르자는 것이 아니다. 오히려 그 감정들을 '설계의 에너지'로 변환하자는 것이다. 불안, 경쟁심, 욕망. 자산국가는 이 정서를 억제의 대상으로 보지 않고, 재구성할 수 있는 자산으로 바라본다.

기존 사회 구조에서 사람들은 손해에 대한 두려움 속에서 살아간다. 투자는 손해에 대한 불안을 만들고, 경쟁은 타인보다 더 많은 수익을 내야 한다는 압박을 만든다. 소득과 자산은 끝없는 비교의 도구가 되고, 소비는 자기 존재를 증명하는 수단으로 기능한다. 하지만 자산국가의 구조에서는 이러한 감정들이 전환된다. 손해에 대한 두려움은 설계에 대한 참여감으로 바뀌고, 수익 중심의 경쟁은 공동의 기획과 기여 보상으로 전환되며, 단절된 비교 감정은 연결된 성취 감정으로 대체된다. 소비를 통한 자기 증명 대신, 설계를 통한 공적 영향력이 새로운 만족감을 제공한다.

이런 감정적 전환은 일상 속 문화와 미디어에서도 실현될 수 있다. 덴마크는 2022년 기준, 전체 문화 예산의 약 18%를 '시민 참여형 공공 콘텐츠 제작'에 투입했다. 다큐멘터리, 예술 프로젝트, 커뮤니티 방송이 시민의 제안으로 기획되고, 제작 과정에 주민들이 직접 참여한다. 이를 통해 공동체 소속감과 '공공성의 감정'을 키워내고 있다. 한국에서도 지역 커뮤니티 중심의 문화 예산을 마련하거나, 자산 설계 체험을 주제로 한 콘텐츠가 적극적으로 기획된다면, 기존의 상업적 소비 콘텐츠와는 전혀 다른 감정 회로를 사회에 심을 수 있다. 유튜브, 넷플릭스, 그 외 OTT 플랫폼은 자산국가의 감정 구조를 이야기로 풀어내고, 대중에게 설계자 감각을 체험하게 할 수 있는 강력한 매개체가 될 수 있다.

그러나 이런 감정의 전환은 하루아침에 이루어지지 않는다. '소유의 감정'이 오랜 시간 반복과 축적을 통해 만들어졌듯이, '설계의 감정' 역시 지속적인 학습과 경험을 통해 천천히 훈련된다. 예를 들어, 내가 투자한 프로젝트가 성공했을 때 느끼는 기쁨, 공동체 공간이 실제로 변화하는 과정을 눈으로 지켜보며 느끼는 만족감, 내가 제출한 제안이 반영되어 정책이 바뀌었다는 감정적 성취, 다른 세대와 함께 공공의 안건을 놓고 조율하며 성장하는 경험, 이런 하나하나의 순간들이 쌓여야만 비로소 사람들은 "나는 설계할 수 있는 존재다"라는 자기 감각을 얻게 된다.

결국 자산국가는 제도적, 경제적 전환을 넘어선 감정 구조의 전환이다. 불안과 경쟁으로 움직이던 사회를, 참여와 기여로 움직이는 사회로 바꾸려는 감정의 흐름이다. 그리고 이 흐름은 콘텐츠, 언어, 정책, 커뮤니티, 예술, 교육 전반에서 동시에 자극되고, 학습되고, 확장되어야 한다. 자산국가는 말하자면, 감정의 민주주의를 설계하는 새로운 문화적 실험이자, 사회 전체의 심리적 근육을 다시 훈련하는 출발점이다. 이는 시스템 설계만이 아니라, 사람들이 자기 자신을 어떻게 느끼고, 공동체를 어떻게 상상하는지를 변화시키는 가장 근본적인 사회적 혁신이다.

시민 의식과 정치 참여: 새로운 주체로서의 국민

자산국가는 시민이라는 존재의 의미 자체를 새롭게 정의하려는 시도다. 기존 국가 모델이 대리자에 의한 운영, 즉 선출된 정치인이 국가를 대신 관리하는 구조였다면, 자산국가는 시민에 의한 설계를 전제로 한다. 이것은 단순히 기술적 참여의 확대나 의견 개진의 확대를 뜻하지 않는다. 더 본질적인 것은 정치적 자아의 전환이다. 시민이 자신을 수동적 유권자가 아니라, 사회와 국가의 구조를 설계할 수 있는 주체로 인식하는 순간, 국가는 더 이상 위에서 명령을 내리는 피라미드가 아니라 아래에서부터 상상되고 실현되는 유기적 네트워크로 변모한다.

지금까지 시민들은 대체로 무력한 유권자였다. 4년에 한 번 투표를 하고, 나머지 시간은 뉴스와 SNS를 통해 정책을 비판하거나 행정에 실망하며 반응하는 데 머물러왔다. 하지만 자산국가가 제안하는 시민은 정책의 소비자가 아니다. 시민은 생산자이자 설계자다. 이 정체성의 변화는 일상의 감각 자체를 바꾼다. 자산의 흐름을 결정하는 회의에 참여하고, 실패한 프로젝트의 문제를 분석하며 새로운 설계를 제안하는 시민은 더 이상 국가로부터 분리된 외부 관찰자가 아니다. 그는 자기 삶의 구조를 설계할 수 있는 존재다.

실제 사례는 이미 세계 곳곳에서 나타나고 있다. 미국 뉴욕시에서 2011년부터 시행 중인 'Participatory Budgeting NYC' 제도는 특정 지역구의 공공 예산 일부를 주민이 직접 제안하고 투표로 결정하도록 하는 구조다. 일방적인 예산 편성 과정이 아니라, 그 안에서 학생, 퇴직자, 청년들이 도시 설계자로 참여해 자신의 의견이 실제로 결과로 이어지는 경험을 한다. 2023년 기준, 참여 인구는 약 14만 명이고, 제안된 프로젝트 수는 6,000건을 넘는다. 참여하는 시민들은 비로소 자신이 단지 소비자나 비판자가 아니라 생산자임을 체감하게 된다.

정치는 본질적으로 감정이다. "정치는 생물"이라고 종종 표현되는 이유도 바로 이 때문이다. 사람들은 논리보다 감정으로 먼저 반응한다. 그렇기에 자산국가는 단순히 기능적 플랫폼이 아니라, 감정의 회로를 복원하는 인프라가 되어야 한다. 예를 들어 어느 날 아침, 스마트폰 알림으로 "당신이 제안한 지역 커뮤니티 카페가 지난 분기 10%의 수익을 달성했습니다. 이 수익 중 일부는 청년 주거 프로젝트로 재투자됩니다"라는 메시지를 받는다면, 그것은 자신의 영향력이 사회를 움직였다는 존재감의 확인이 되는 것이다. 사람은 무언가에 기여하고 있다는 감정 위에서 자기 정체성을 형성한다. 자산국가는 그 감정을 데이터와 투명성, 그리고 실질적인 보상 구조로 증폭하는 시스템이다.

또 중요한 것은 실패를 어떻게 다루느냐이다. 전통적인 정치 구조에서 실패는 때로 정치 커리어의 끝을 의미한다. 그러나 자산국가에서의 실패는 시민 역량 성장의 데이터로 전환된다. 프랑스 파리의 '시장님, 저에게 아이디어가 있어요(Madame la Maire, j'ai une idee)' 프로젝트는 시민들이 수천 개의 아이디어를 제안하도록 열어 두었지만, 실제로 실행된 것은 절반도 되지 않았다. 그러나 중요한 것은, 채택되지 않은 아이디어와 그 논의 과정까지 모두 디지털 아카이브로 남아 이후 도시 정책의 참고 자료로 사용된다는 점이다. 또한, 실제로 일부 프로젝트가 예산 문제나 주민 반발로 중단되기도 했지만, 이런 시행착오가 축적되며 정책 설계 역량은 점차 높아졌다. 채택되지 않거나 실패하더라도, 기록하고 학습 가능한 자산으로 전환하는 구조야말로, 시민 참여의 지속 가능성을 만드는 핵심 메커니즘이다.

한국 사회는 이미 큰 가능성을 품고 있다. 앞서 말한 바와 같이, 국민 열 명 중 여덟 명 이상이 모바일로 예산 편성·투자·투표, 그 밖의 다양한 설계 참여를 경험할 준비가 완벽히 되어 있다는 뜻이다. 실제로 2022년 서울시에서 진행된 청년 참여형 정책 실험에서, 소액 인센티브가 제공된 설계 참여 프로젝트의 평균 참여율은 47%에 달했고, 인센티브가 없는 그룹은 18%에 그쳤다. 겉으로 보면 돈이 참여를 끌어낸 것처럼 보이지만, 실질적으로는 단순한 금전적 보상이 아니라 "내가 참여하면 실제로 변화가 일어난다"는 감각, 즉 자기 효능감이 참여를 자극한 결과였다. 중요한 것은 돈을 주느냐, 안 주느냐가 아니라, 참여자가 자신의 영향력이 시스템 안에서 실현되고 있다는 체험을 하게 만드는 설계다. 자산국가는 바로 이 지점을 감정적으로 설계하고 구조화하는 방식이다.

결국 자산국가가 말하는 정치는 더 많은 정치가 아니라, 더 나은 정치의 구조다. 시민이 감정적으로 연결되고, 참여가 일상화되며, 실패가 학습으로 환원되고, 자산이 민주주의의 언어로 작동하는 순간, 우리는 '정치'라는 단어 자체를 새롭게 정의할 수 있게 된다. 자산국가는 바로 그 첫 실험이다. 국민은 국가의 수혜자라는 위치에서 벗어나 국가를 설계하는 사람이 된다. 이 정체성의 전환이야말로 자산국가가 지향하는 진정한 변화다.

   새로운 자산국가: 코리아 스탠다드

다음 장에서는 자산국가가 개인과 공동체의 변화를 넘어, 노동의 의미, 생산의 방식, 기업의 역할, 부의 흐름까지 어떻게 근본적으로 재구성하는지를 살펴본다. 경제를 설계하는 방식 자체를 전환하는 이야기다. 자산국가는 이 전환의 중심에 시민을 세운다. 이제 경제는 소수의 손에서 움직이는 것이 아니라, 모든 시민이 설계에 참여하는 열린 구조로 바뀌어야 한다.

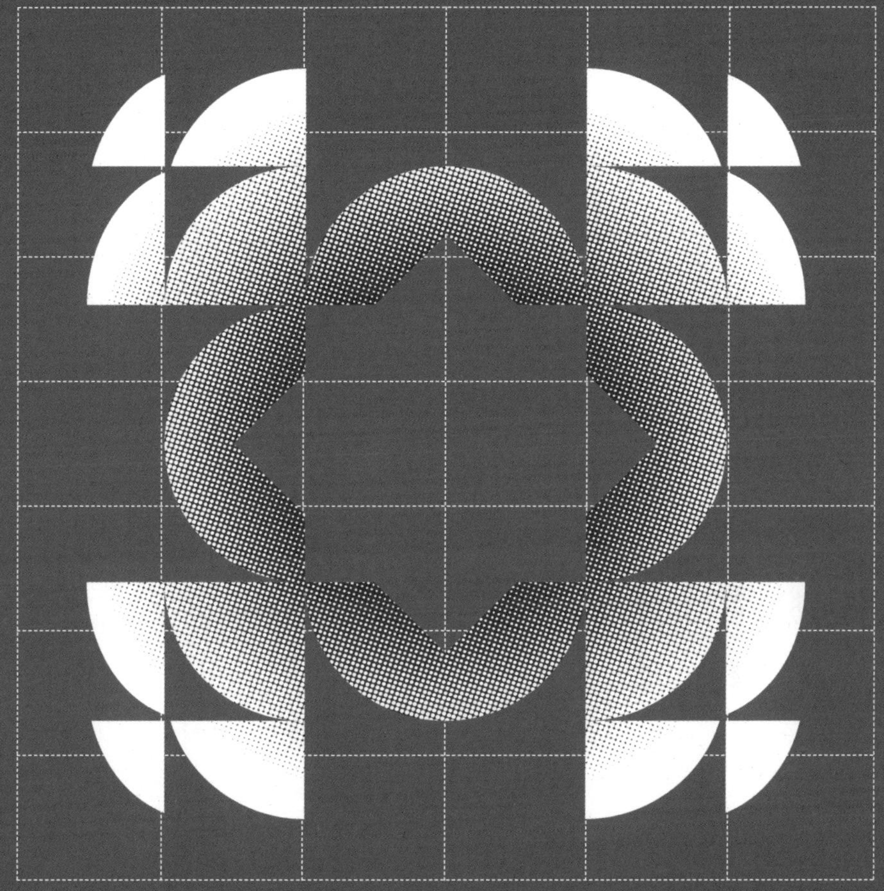

Chapter 5

자산국가와 경제 구조의 전환: 노동, 생산, 기업, 부의 흐름

자산국가는 경제의 가장 근본적인 작동 방식을 다시 설계하려는 구조적 제안이다. 지금까지 우리는 개인이 노동을 제공하고, 기업이 임금을 지급하며, 국가는 세금을 통해 복지를 공급하는 선형적인 구조 속에서 살아왔다. 이 틀은 산업화 시대의 국가를 성장시킨 중심축이었지만, 오늘날에는 점점 더 작동하지 않는 체제가 되고 있다. 왜냐하면 이 구조는 '정규직 중심의 안정된 고용', '소득 기반의 조세·복지 시스템', '기업 중심의 생산과 성장'이라는 전제 위에 세워졌기 때문이다.

그러나 현재는 비정규직과 플랫폼 노동이 확산되며 노동의 연속성이 무너졌고, 자산 불평등은 소득 불평등보다 훨씬 빠르게 벌어지고 있으며, 생산의 중심도 글로벌 대기업과 자본 집약 산업에 과도하게 집중되어 있다. 개인은 더 많이 일해도 자산을 축적할 수 없고, 복지는 점점 더 선택적이고 불충분해지며, 국가의 재정은 고령화와 저성장의 압력 속에 지속 가능성을 잃어가고 있다. 결국 이 구조는 "노동을 통해 사회에 기여하고, 그 대가로 존엄한 삶을 영위한다"는 계약을 유지하지 못한다. 그리고 이 위기 앞에서 자산국가는 단지 보완이 아니라, 근본적인 대체 구조를 제안하는 것이다.

2023년 기준, 청년층 체감 실업률은 21.1%에 이르렀고, 자영업자의 절반 가까이는 3년 안에 폐업한다. 정년은 앞당겨지고, 근속 기간은 짧아지며, 안정적 일자리는 줄어들고 있다. 동시에 고령화는 급속히 진행 중이고, 부의 축적은 특정 계층에 더욱 더 고착되어 가고 있다. 더 많이 일해도 더 나은 삶이 보장되지 않으며, 기존의 복지 시스템은 이 흐름을 따라잡지 못한다. 이것은 단지 일자리 부족이나 경기 침체의 문제가 아니다. 지금의 경제 구조가 더 이상 오늘의 사회를 유지하지 못한다는 뜻이다.

자산국가는 이 오래된 구조를 대체할 수 있는 새로운 설계 원리를 제시한다. 여기에서 핵심은 '복지가 아니라 참여를 통한 기여와 수익의 연결'이다. 자산국가에서 노동은 단순한 생계 수단을 넘어 자산 설계의 참여 가치로 전환된다. 생산은 중앙 집중형 모델에서 벗어나, 지역과 개인의 분산된 기획과 실행을 기반으로 재편되며, 기업은 이윤의 중심이 아니라 공동체와 자산을 함께 설계하고 운영하는 협력적 플랫폼으로 확장된다. 자산은 일방적으로 나누는 기존의 복지 대신 수익을 만들어내고, 기여에 따라 다시 환원되는 구조로 움직인다.

예를 들어, 자산국가 플랫폼에서 시민이 특정 프로젝트에 투자하고 그 수익을 배당받는 구조는, 일방적으로 보조금을 받는 복지 모델과는 전혀 다르다. 수익은 시장에서 실제로 창출되며, 그 수익률은 프로젝트의 성과와 참여자의 기여에 따라 정해진다. 이때 중요한 것은 수익의 크기보다 "그것이 어떻게 설계되고 순환되는가"이다. 자산국가의 수익 배분은 단지 금전적 분배가 아니라, 신뢰와 책임, 설계 경험을 포함한 다층적 보상 시스템이다.

이 장에서 우리는 경제의 가장 기본적인 요소들 ― 노동, 생산, 기업, 자산 ― 이 자산국가 안에서 어떻게 새로운 구조로 연결되고, 어떤 흐름을 만들어내는지를 살펴보려 한다. 제도를 개선하는 것만이 아니라, 삶의 리듬과 구조를 다시 짜는 일. 이것이 자산국가가 지향하는 경제적 전환의 본질이다.

노동의 재정의: 소득이 아닌 설계 참여로

지금까지 한국 사회에서 노동은 생존의 수단이자, 사회적 존엄을 확보하는 핵심 경로였다. 일하지 않으면 살 수 없고, 일하지 않으면 존중 받지 못하며, 때로는 '게으름'이나 '무능력'이라는 낙인까지 감수해야 했다. 노동은 단순한 경제 활동을 넘어 사회적 정체성과 직결되는 제도적, 문화적 기반이었다. 그러나 자산국가는 이 오래된 정의를 근본부터 다시 접근한다. 임금을 매개로 한 고용 계약만이 '일'이 아니라, 사회 구조를 설계하고 유지하는 모든 활동 ― 지역 문제 해결 기획, 공동체 자산 플랫폼 운영, 예산 설계 참여, 문화 프로젝트 기획 등 ― 역시 공공적 노동이며, 가치 있는 기여로 인정받아야 한다. 그리고 이 기여는 사회적 의미에 그치지 않고, 수익 분배 구조로 연결되어야 한다.

　　　　　　　　　　　　　　　　새로운 자산국가: 코리아 스탠다드

"사회에 기여한 만큼, 수익을 공유한다"는 경험은 참여를 지속시키는 가장 강력한 동기이자, 자산국가가 지향하는 구조적 보상 방식이다.

기존의 노동은 주당 근로 시간, 정규직 여부, 직무 분류 등의 법적·제도적 기준으로 정의되어 왔다. 하지만 21세기 현실은 이미 그 틀을 벗어난 다양한 형태의 기여로 채워지고 있다. 지역 기반 설계, 디지털 플랫폼 참여, 비정형 자산 기획 등은 전통적 생산 활동은 아닐지라도, 분명히 사회를 작동시키는 실질적 기여다. 자산국가는 이를 '설계 기반 노동'이라 부른다. 단지 일하고 대가를 받는 행위뿐만 아니라, 문제를 정의하고 구조를 제안하며, 자산 흐름을 만들어내는 행위 또한 노동으로 본다. 여기서 노동의 평가는 '시간'이 아니라 '기여'이며, 핵심은 단순한 생계 수단으로서의 수익이 아니라, 기여에 따른 정당한 보상과 사회적 영향력을 함께 만들어내는 구조다. 자산국가에서의 수익은 개인의 생존을 넘어, 자신이 만든 변화와 연결된 의미 있는 보상으로 자리 잡는다.

예를 들어, 서울시의 '청년 사회 혁신 프로젝트(리메이크 시티)'는 2017년 청년들이 제안한 80여 건 중 14개 팀을 선정해 2년간 총 90억 원을 투자했다. 이 프로젝트에 참여한 청년들은 일자리를 얻은 것만이 아니라, 자신의 아이디어로 지역 사회에 기여하고, 수익을 창출한 경험을 했다. 이들은 임금 수령자인 동시에, 공공의 설계자였고, 자산의 창출자이자 운용자였다. 이러한 전환은 고용 형태의 변화에 그치지 않는다. 사람들은 자신의 기여가 사회적으로 의미 있게 돌아올 때, 존재감과 자존감을 회복한다. 자산국가는 그런 심리 구조의 회복을 경제 시스템 안에 포함한다.

더 나아가 자산국가는 그동안 배제되어 온 '보이지 않던 노동'을 제도 안으로 끌어들인다. 대표적으로 가사, 돌봄, 커뮤니티 운영 등은 통계에도 잡히지 않고, 보상도 없으며, 공적 가치로 인정되지 않았다. 하지만 실제로는 사회의 지속 가능성을 지탱해 온 핵심 영역이었다. 한국여성정책연구원에 따르면, 2022년 기준 여성의 무급 가사노동 가치는 약 611조 원으로 추산되며, 이는 국내 GDP의 30%에 달한다. 하지만 이 거대한 노동은 아무런 제도적 보상 없이 '당연한 일'로 취급되어 왔다. 자산국가는 이러한 비가시적 노동을 지역 단위의 '기여 크레딧'이나 '시간 통화' 등으로 가시화하고, 교환 가능한 자산 흐름으로 만든다.

일본 후지오카시는 노인 돌봄 활동 참여자에게 '시간 포인트'를 지급하고, 이 포인트는 본인의 돌봄 서비스로 환원할 수 있게 했다. 영국의 LETS(Local Exchange Trading System)는 이웃 간 돌봄, 수리, 교육 등을 지역 화폐로 교환하는 시스템으로 정착했다. 한국에서도 실험이 시작되고 있다. 서울 성동구는 2021년부터 '마을 활동 기록제'를 도입해 커뮤니티 활동 시간을 기록하고, 이를 '주민 참여 포인트'로 환산해 지역 혜택과 연계하고 있다. 비록 규모는 작지만, 기여 – 기록 – 보상의 순환 구조를 제도화하려는 초기 흐름이 현실화되고 있는 것이다.

이제 노동은 정해진 자리에 앉아 시간을 보내는 것이 아니라, 각자의 자리에서 사회를 기획하고 구조를 함께 만드는 행위로 확장되고 있다. 청년이든 여성이든, 노년이든 비정형 노동자든, 모두가 설계자이자 기여자로서 역할을 갖게 된다. 자산국가는 이 모든 설계를 '노동'으로 인정하고, 이에 따른 정당한 보상과 자존의 회복을 연결 짓는 시

　　　　　　　　새로운 자산국가 : 코리아 스탠다드

스템이다. 이러한 노동의 재정의는 고용 창출 정책이나 복지 대책을 넘어서서, '무엇이 사회적 기여인가'에 대한 관점을 바꾸고, 인간의 가치를 평가하는 사회적 기준 자체를 전환한다.

생산 구조의 변화: 대량 생산에서 분산 설계로

산업화 시대의 생산 구조는 '대규모 설비 → 대량 생산 → 저비용 → 고속 소비'라는 직선적이고 효율 중심의 공식 위에서 작동해 왔다. 이 과정에서 대기업과 중앙 정부가 핵심 설계자 역할을 담당했고, 지역과 시민은 그 체계에 종속된 사용자 또는 소비자로 머물렀다. 이 모델은 분명 국가의 산업화와 수출 중심 성장 전략에 크게 기여했다. 대도시에 집중된 제조 공장, 전국적으로 조직된 공급망, 고속도로와 물류 시스템은 한국을 단기간에 산업화 성공 국가로 만들었다.

그러나 그 대가도 분명했다. 지역은 점차 대기업의 하청 기지로 전락했고, 고유의 산업 생태계와 기술 기반을 잃었다. 농촌은 청년과 중산층 인구의 유출로 공동체가 해체되었고, 자립적인 생산 역량을 회복할 수 없는 상태에 놓였다. 산업 구조도 더 이상 변화에 적응하지 못하고 있다. 글로벌 공급망 위기, 기후 변화, 고령화 사회 등 새로운 변수들에 대한 민첩한 대응이 어려운 중앙집중형 생산 체계는 오히려 변화에 장애물이 되고 있다. 대규모 설비와 인력 중심의 고정형 시스템은 전환 비용이 크고, 위기 상황에서 리스크를 한 지점에 집중시킨다.

무엇보다 시민은 이 생산 체계 안에서 점점 더 소외되고 있다. 생산은 특정 기업과 조직의 전유물로 간주되고, 일반 시민은 단지 제품을 구매하거나 일자리를 찾는 소비자 혹은 노동자로만 참여한다. 많은 시민이 지역의 문제를 해결하거나 새로운 아이디어를 현실화할 역량을 가지고 있지만, 이들을 위한 설계와 실행의 기회는 매우 제한적이다. 이처럼 기존 생산 체계는 지역, 산업, 시민 모두에게 제한적으로 작동하고 있으며, 더 이상 지속 가능한 경제 구조로 기능하기 어려운 상황에 이르렀다.

자산국가는 이 낡은 패러다임을 해체하고, '분산 설계 – 공동 실행'이라는 새로운 생산 구조를 제안한다. 기존처럼 모든 생산을 중앙에서 일괄 기획하고 실행하는 방식이 아니라, 지역과 시민이 설계자이자 운영자가 되는 구조다. 다시 말해, 생산의 공간만 분산되는 것이 아니라, 권한과 기획, 책임까지도 함께 분산되는 방식이다.

전라북도 완주군의 사례는 이 흐름을 보여주는 대표적인 예다. 2012년부터 완주군은 지역 농민들이 직접 농산물을 생산하고, 포장하고, 유통까지 담당하는 로컬 푸드 직매장 시스템을 구축해 왔다. 단순한 직거래를 넘어, 생산자와 소비자 간 신뢰가 형성되는 구조를 만들고자 한 이 실험은 지역 농업의 지속 가능성과 주민들의 자립 기반을 동시에 확보했다. 주민들은 직접 가격을 정하고, 상품 구성을 설계하고, 판매 시스템을 운영한다. 2021년 기준 이 시스템의 연매출은 420억 원을 돌파했고, 도시와 농촌을 연결하는 새로운 경제 생태계로 자리 잡았다.

경기도에서는 2010년부터 마을기업 육성 정책을 통해 자산국가형 분산 생산 구조의 또 다른 가능성을 보여주고 있다. 마을 주민들이 주도적으로 사업을 기획하고 운영하는 마을기업은 단순히 수익을 내는 데 그치지 않고, 지역 문제 해결과 공동체 회복이라는 가치를 함께 실현해 나간다. 안성시의 한 마을기업은 사용되지 않던 폐교를 리모델링해 지역 먹거리 체험장과 공동 식당, 문화 공간으로 탈바꿈시켰다. 이 사업은 지역 내에서 풀타임 기준으로 20명 이상에게 안정적인 일자리를 제공했고, 해당 공간은 연간 수천 명이 찾는 지역 명소로 성장했다. 대도시에 비하면 작아 보일 수 있는 수치지만, 인구 수천 명 규모의 농촌 지역에서 이 정도의 지속 가능한 일자리 창출은 매우 의미 있는 변화다. 무엇보다 중요한 것은, 이 성과가 외부 투자나 대기업 주도가 아니라 마을 주민들의 기획과 실행으로 이루어졌다는 점이다. 주민들은 그 과정을 통해 단순한 생산자가 아니라, 지역의 경제 구조와 문화 자산을 함께 설계하고 운영하는 주체로 성장했다.

서울 은평구에서는 2018년부터 '자립형 주거단지'를 조성하며 자산국가형 생산 구조의 도시형 모델을 실험 중이다. 태양광과 지열 에너지 시스템을 활용한 주택 설계, 공유 주방과 공동 육아 시설 같은 커뮤니티 공간, 그리고 지역 주민이 직접 운영하는 관리 시스템은 기존의 주거 개념을 확장하고 있다. 이 단지에서는 외부 에너지 의존도를 40% 이상 줄였고, 주거 공간 안에서 자원과 노동이 순환하는 구조를 만들었다. 여기에 참여한 주민들은 '내가 살고 있는 공간을 스스로 만들어가는' 사람들이었다.

이런 흐름은 해외에서도 다양한 방식으로 시도되고 있다. 유럽연합은 2016년부터 '지역 에너지 커뮤니티(RECS)' 실험을 통해, 시민들이 직접 설계하고 투자한 에너지 생산 구조를 제도화하고 있다. 독일의 한 마을에서는 주민 1,200명이 자금을 모아 태양광 발전소를 공동 설계하고 운영하며, 수익을 마을 장학금이나 문화 사업에 환원하는 구조를 만들었다. 현재 유럽 전역에서는 7,000개 이상의 이러한 에너지 커뮤니티가 운영되고 있으며, 평균적으로 연간 15% 이상의 탄소 배출 저감 효과를 달성하고 있다. 이러한 커뮤니티는 지역 경제의 자립도와 순환성을 높이고, 시민의 에너지 주권을 회복하며, 세대 간 협력을 강화하는 기반으로 작용하고 있다. 에너지 생산과 수익 분배라는 구체적 구조 속에서, 주민들은 '공공을 함께 설계하고 운영하는 경험'을 일상에서 체화하고 있으며, 이는 단순한 환경 운동을 넘어서는 지속 가능한 사회 설계의 거점으로 주목받고 있다.

앞의 사례들이 보여주는 공통된 변화는 명확하다. 생산은 더 이상 대기업이나 공장의 전유물이 아니다. 이제는 누구나 설계에 참여할 수 있고, 그 참여가 실제 수익과 공동체 회복으로 이어지는 구조가 가능하다. 자산국가의 관점에서 생산은 단지 물건을 만들어내는 과정이 아니라, 관계를 만들고 지역을 재생하며, 시민에게 '함께 만든다는 경험'을 제공하는 사회적 행위다. 이는 생산 장소의 분산만이 아닌, 생산 권한의 분산, 기획과 운영의 분산, 그리고 경제와 감정 구조의 동시적 재설계를 의미한다.

자산국가의 생산 구조는 세 가지 차원에서 새로운 효과를 만든다. 첫째, 설계 권한의 분산은 실험과 혁신의 기회를 확대한다. 대형 투자보다 소규모 실험이 가능해지고, 실패의 리스크가 흩어지기 때문에 새로운 도전이 가능해진다. 둘째, 지역이 가진 특성과 자산을 기반으로 하는 설계는 기후 위기와 공동체 붕괴 문제를 동시에 해결할 수 있는 지속 가능한 대안을 제공한다. 셋째, 시민이 설계자이자 생산자가 되는 과정은 사회적 책임감과 공동체 감정의 회복으로 이어지며, 이는 곧 자산국가가 추구하는 구조적 참여의 기반이 된다.

궁극적으로 자산국가는 "무엇을 생산할 것인가?"가 아니라, "누가, 어떤 가치에 따라, 어떻게 설계하고 실행할 것인가?"라는 본질적인 질문을 던진다. 그리고 그 답을 중앙의 설계자가 아닌, 지역의 시민이 함께 찾아가는 구조를 만든다. 이는 생산 방식의 변화만이 아니라, '사회 전체가 생산이라는 개념을 새롭게 정의하는 과정'이다.

기업의 진화: 소유 중심에서 설계 중심으로

기존 자본주의 체계에서 기업은 매우 뚜렷한 구조를 갖고 있었다. 자본을 제공한 이들이 경영권과 의사결정 권한을 쥐고, 노동자는 고용 계약을 통해 일정한 시간과 노력을 제공하며 그 대가로 임금을 받는다. 이 구조는 자본과 노동을 이분법적으로 분리하고, 자본에 권한을 집중시켜 빠른 산업 성장과 대량 생산 체계를 가능하게 했다. 하지만 동시에 이 체계는 기업을 사회와 분리된 '경제적 수단'으로 만들었고, 내부 구성원과 외부 이해관계자 간의 정서적 단절을 심화시켰다.

오늘날 기업은 더 이상 단순한 이윤 창출의 주체로만 존재할 수 없다. 사회 전체에 미치는 영향력, 탄소 배출에서부터 지역 공동체와의 관계, 구성원의 삶의 질에 이르기까지 기업은 이제 사회적 책임과 정서적 신뢰의 문제를 함께 짊어지게 되었다. 이에 따라 CSR(Corporate Social Responsibility: 기업의 사회적 책임), ESG(Environmental, Social, and Governance: 환경, 사회, 지배구조) 등 다양한 개념이 등장하며, 기업 내부에서도 정체성과 운영 방식을 재정립하려는 시도가 이어지고 있다. 이는 전 세계적으로 모든 기업에 일어나고 있는 변화이며, 선택의 여지가 없다.

자산국가는 이 흐름을 한층 더 급진적으로 밀어붙인다. 기존의 '소유 중심 기업'이 아니라 '설계 중심 기업'을 제안하는 것이다. 자산국가에서의 기업은 자본을 투입한 사람만이 아니라, 기획에 참여하고 구조를 설계한 사람, 실질적인 운영에 기여한 사람 모두가 공동의 주체가 되는 구조를 갖는다. 핵심은 "누가 돈을 냈는가?"에서 "누가 어떻게 기여했는가?"로 기업의 권한과 책임이 이동한다는 점이다.

예를 들어, 지역 커뮤니티에서 제안된 에너지 프로젝트가 기업화된다고 해보자. 이 기업은 단지 투자자의 자본에 의해 운영되는 것이 아니라, 초기 기획에 참여한 주민, 실질적 서비스를 사용하는 지역 구성원, 협업과 실행을 함께한 다양한 이해관계자들이 함께 결정권과 이익 분배 구조를 설계하게 된다. 그 결과, 기업은 더 이상 자본 소유자의 사유물이 아니라, '공동 설계의 산물'이자 '공공적 플랫폼'으로 기능한다.

이러한 구조는 기업 입장에서도 새로운 기회를 창출한다. 우선, 이해관계자 기반의 설계 구조는 지역 사회로부터의 지속적인 신뢰와 협력을 확보하게 만든다. 이는 고객 충성도와 커뮤니티 기반의 브랜드 자산으로 연결되며, 장기적으로는 마케팅 비용을 줄이고 충성 고객층을 확대하는 효과를 만든다. 또한, 내부 구성원들이 단순 고용자가 아닌 기여자로서 기업에 참여할 경우, 책임감과 창의성, 운영 안정성이 비약적으로 높아진다.

더 나아가 이런 기업은 전통적인 CSR이나 ESG 관점에서도 높은 평가를 받는다. '지역 커뮤니티의 공동 설계자'라는 정체성은 단순한 사회 공헌을 넘어 지속 가능한 비즈니스 모델로서의 차별화된 경쟁력을 만들어낸다. 투자자와 파트너, 정부 정책과의 연계뿐만 아니라, 글로벌 시장에서도 유리한 지위를 확보할 수 있게 된다. 즉, 자산국가형 기업 구조는 이윤을 줄이는 것이 아니라 이윤을 사회적 신뢰와 감정 자산으로 전환해, 더 안정적이고 회복력 있는 비즈니스 환경을 만드는 방식이다.

스페인의 몬드라곤 협동조합을 대표적인 사례로 들 수 있다. 1956년, 바스크 지방에서 작은 전기 회사로 시작한 이 조직은 현재 80개 이상의 자회사를 보유한 대규모 협동조합 네트워크로 성장했다. 이곳에서는 전체 근로자의 약 75%가 지분을 보유하고 있으며, 모든 의사결정은 노동자 참여를 기반으로 이루어진다. 출자금 비율이 아니라 근속 연수, 참여 활동, 공동체 기여도 등을 기준으로 경영 참여 권한이 배분된다. 이사회 투표권은 '주식 수'가 아니라 '공동체 설계 참여도'에 따라 정해진다. 최고 임금과 최저 임금의 비율은 여섯 배를 넘지 않으며, 이익은 사업 확장보다 내부 교육, 재투자, 복지로 우선 순환된다. 이는 기업이 단순히 이윤만을 추구하는 조직이 아닌, 이윤 창출과 동시에 공동체의 지속 가능성을 함께 설계하는 구조로 나아갈 수 있음을 보여주는 강력한 예시다. 기업은 수익과 기여, 성과와 공공성을 함께 엮는 플랫폼으로 진화할 수 있다.

미국에서도 ESOP(Employee Stock Ownership Plan) 제도를

통해 이러한 실험이 확산되고 있다. 2020년 기준, 약 6,500개 기업이 이 구조를 도입했으며, 근로자가 보유한 지분은 평균적으로 전체 자본의 약 30%에 달한다. 유명한 사례로는 제조업체 W.L. Gore & Associates(고어텍스의 개발사), 자전거 기업 트렉(Trek)이 있다. 이들 기업은 고용 안정성, 생산성, 조직 충성도 측면에서 전통 기업보다 높은 평가를 받고 있으며, 기업의 성과가 직원 개인에게 실질적인 보상으로 돌아가는 구조를 통해 ESOP의 효과를 입증하고 있다. 이러한 기업은 자산국가적 관점에서 '공동 설계 참여형 기업'으로 확장될 수 있다. 즉, 지분을 나누는 것을 넘어, 기업 운영의 기획 단계부터 참여할 수 있는 제도적 장치와 문화가 형성되는 것이다.

유럽에서는 더 나아가, 참여형 설계를 플랫폼 중심으로 확장하는 시도도 이루어지고 있다. 덴마크의 시민 투자 기반 스타트업 생태계는 그 대표적 모델이다. 덴마크 정부는 2020년부터 지역 스타트업과 시민을 연결하는 '공공-참여 플랫폼'을 도입해, 누구나 소액 투자와 서비스 설계에 동시 참여할 수 있는 구조를 마련했다. 예를 들어, 한 스타트업이 지역 환경 문제를 해결하기 위한 어플리케이션을 개발할 경우, 지역 시민은 초기 개발 방향에 대한 설문과 의견을 제시하고, 동시에 1~5유로의 소액을 투자한다. 그러므로 누구나 쉽게 투자가 가능하다. 이후 사업이 성장하면, 투자 수익뿐 아니라 해당 서비스의 개선 방향에 대한 제안권과 투표권도 제공된다. 2022년 기준, 시민 참여 기반으로 운영된 이들 프로젝트는 약 1,100건이며, 이 중 평균 68%가 투자 목표를 달성했다. 이 시스템은 일반적인 주주 구조가 아니라, 시민을 기업 설계자로서 참여시키는 경제 실험으로 작동하고 있다.

국내에서도 조심스럽게 이 흐름이 시작되고 있다. 서울 성동구의 공유 기업 플랫폼, 광주의 사회적 경제 클러스터, 전북 완주의 사회적 경제 허브 등은 모두 기업이 단순한 수익 구조가 아니라, 지역 설계와 사회적 기여의 플랫폼이 되어야 한다는 인식을 공유한다. 특히, 서울시는 2023년부터 '도시 문제 해결형 기업 지원 사업'을 통해 공유 경제 모델, 청년 창업, 기후 기술 스타트업에 대한 공공 참여 예산을 배정하고 있으며, 이 과정에서 시민들이 설계 단계에 직접 참여할 수 있도록 온·오프라인 구조를 마련하고 있다.

이런 흐름은 궁극적으로 기업의 사회적 정체성과 감정 구조까지 바꾸는 효과를 낳는다. 전통적 기업에서는 구성원이 '고용된 자'였지만, 설계형 기업에서는 구성원이 '함께 만드는 자'가 된다. 이 차이는 단순한 소속감을 넘어, 책임감, 자율성, 성취감이라는 감정 에너지를 촉발한다. 실제로, 이 같은 설계 중심 기업 구조는 성과 측면에서도 전통 기업을 능가하는 결과를 내고 있다. 네덜란드의 Buurtzorg 협동조합은 간호 인력의 자율 운영 체계를 도입해, 전체 인건비 대비 관리비 비율을 30% 이하로 낮추었고, 환자 만족도는 전국 평균보다 30% 이상 높게 유지되고 있다. Patagonia는 내부 ESG 설계 참여 제도를 통해, 직원의 자발적 환경 기획 참여를 유도하며 이직률을 반 이상 줄이는 데 성공했다. 이처럼 설계에 참여한 구성원은 단지 노동자가 아니라 기업의 가치 자체에 연결된 주체가 된다.

자산국가는 이러한 흐름을 제도적으로 뒷받침하는 구조다. 기업은 여전히 수익을 창출해야 하지만, 그 수익이 누구를 위해, 어떤 과정으로 만들어졌는지를 구성원 모두가 알고, 참여하고, 설계할 수 있는 구조를 마련해야 한다. 단지 돈을 버는 기업이 아니라, 돈을 어떻게 벌고, 누구와 나누며, 그 과정에서 어떤 가치를 창출했는가를 투명하게 보여주는 기업이 새로운 시대의 정답이 된다. 이러한 구조는 윤리적인 선택만이 아니라, 미래의 기업 경쟁력을 좌우하는 기준이 된다. 실제로 비건, 친환경, 공정무역 같은 가치 기반 소비는 이미 전 세계에서 빠르게 확산 중이며, 특히 MZ세대 소비자일수록 "무엇을 사는가"보다 "그것이 어떻게 만들어졌는가"를 더 중요하게 평가한다. 자산국가적 구조에서 기업은 사회와 함께 신뢰를 설계하는 브랜드가 된다. 이러한 정체성과 투명성은 곧 브랜딩이자, 선택 받는 이유가 되는 것이다. 장기적으로 보면, '사회와 함께 설계되는 기업'은 단순한 수익 이상의 신뢰를 축적하게 되며, 이는 투자 유치, 인재 확보, 소비자 충성도에서 중요한 자산으로 작동할 것이다.

기업의 존재 이유가 이윤에서 설계로, 지분에서 기여로, 피고용에서 공동 소유로 이동하는 순간, 경제는 더 이상 소수만의 게임이 아니다. 그것은 시민 누구나 설계에 참여하고, 기여에 대한 존중을 받으며, 공동의 이익과 방향을 만들어가는 공적 상상력의 무대가 된다. 이러한 전환은 단지 경제 시스템의 변화에 그치지 않는다. 사람과 사람 사이의 관계, 공동체에 대한 책임, 일에 대한 태도, 자기 삶을 바라보는 방식까지 변화시키는 의미 있는 감정 구조의 전환이다. 사람들은 더 이상 '고용된 자'가 아닌 '함께 만드는 자'로, 소비자가 아닌 설계자로, 수동석 일꾼이 아닌 능동적 주체로서의 시민-노동자-기획자로 다시 태어나게 된다. 그리고 그것이 바로 자산국가가 제안하는, 기업의 새로운 진화 방향이자, 경제의 새로운 존재 방식이다.

　　　　　　　새로운 자산국가: 코리아 스탠다드

부의 흐름 재편: 상속이 아닌 순환의 논리

현대 자본주의의 부는 흐르지 않고, 쌓이기만 한다. 그리고 쌓인 자산은 상속된다. 이 공식을 통해 자본주의는 빠르게 성장했지만, 동시에 불평등이라는 구조적 한계를 내포하게 되었다. 축적된 자산은 세습되고, 자산 격차는 세대 간, 지역 간, 계층 간의 고착화로 이어진다. 결국 이 흐름은 자산이 한 번 '정지'되면, 그 사회의 기회 흐름 자체도 함께 멈춘다는 것을 의미한다.

자산국가는 바로 이 멈춘 흐름을 다시 살리기 위한 새로운 설계다. 여기서 핵심은 '세금'이나 '기부'처럼 외부 강제에 의한 환원이 아니다. 자산을 자발적으로, 구조적으로, 정서적으로 순환시키는 새로운 인센티브 시스템이다.

자산국가는 일정 기간 비활성 상태로 방치된 자산 — 예를 들어 2년 이상 움직임이 없는 지역 프로젝트 지분이나 참여형 공공 계좌 — 을 사회적 자산 펀드(Social Asset Fund)로 자동 환원한다. 사회적 자산 펀드란, 지역 또는 국가 단위에서 공공성과 수익성을 동시에 추구하는 기금 구조다. 이 펀드는 민간과 공공이 공동 운영하며, 구체적으로는 지역 거버넌스 기구(예: 시민 위원회 + 전문가 평가단), 지자체, 시민 플랫폼 운영 주체가 함께 참여하여 운용된다. 펀드는 자산 흐름이 정체된 프로젝트, 방치된 참여형 계좌, 일정 수익 초과분 등을 재집계해, 공공 기여도가 높은 프로젝트(예: 청년 주거, 지역 재생, 사회 복지, 친환경 인프라 등)에 재투자한다.

이는 몰수나 과세 방식이 아니라, 자산의 흐름을 유도하면서도 자발적 선택권을 존중하는 구조다. 투명성 확보를 위해 모든 자산 이동과 운용 내역은 디지털 대시보드에 공개되며, 참여 시민은 온라인 플랫폼을 통해 투자 제안, 우선순위 선정, 피드백 제출 등 의사결정 과정에 참여할 수 있다. 자산 보유자는 자동 환원 대신 '기여형 옵션'을 선택할 수 있고, 예를 들면 다음과 같다.

기초생활 수급자 지원 펀드에 일정 지분 기부

→ 세제 혜택 + 기여 포인트 지급, 지역 인프라 프로젝트(예: 스마트 도서관, 태양광 패널, 공공 돌봄 센터) 지정 투자

→ 우선 이용권 + 배당 구조 연결, 청년 창업 기금 펀드 매칭 출자

→ 온라인 의결권 + 기획 리뷰 참여 기회.

즉, 자산의 흐름은 소유의 상실이 아니라, 참여권의 전환으로 작동한다.

독일 작센 주에서는 2018년부터 일정 금액 이상의 자산 수익을 초과 달성한 투자 계좌에 대해, 시민 배당 펀드(People's Investment Reserve)에 일부 자동 편입되도록 유도하고 있다. 이 펀드는 주 단위의 공공 인프라 — 노후 학교 보수, 지역 병원 현대화, 청소년 문화 센터 설립 등 — 에 투자되고, 수익 발생 시에는 일정 지분을 다시 참여자에게 분배한다. 핵심은 이 참여가 '자발적'이라는 점이다. 시민은 일정 금액 이상 환원 시, 선택할 수 있는 5개의 기금 목록을 받는다. 설문 참여, 의견 제출, 아이디어 제안이 가능한 플랫폼이 함께 운영되며, 재투자 과정에 감정적 참여를 유도한다. 단순한 과세가 아닌, '함께 쓰는 자산'

　　　　　　　　　　　　　　　　새로운 자산국가: 코리아 스탠다드

이라는 공동 감각을 심는 것이다.

브라질 리우데자네이루 주 마리카(Maricá)는 2017년부터 시의 석유 로열티 수입을 지역 주민 전체에게 분배하는 시민 기본 소득 프로그램(Renda Básica de Cidadania)을 시작했다. 이 지급금은 전자 화폐(Mumbuca) 형태로만 사용 가능하며, 지역 내에서만 유통되도록 설계됐다. 주목할 점은, 이 화폐를 지역 사회 프로젝트에 다시 투자하거나 기부할 경우 보너스 포인트와 공공시설 이용권 등 인센티브가 주어진다는 것이다. 결과적으로, 지급된 소득의 약 28%가 다시 지역 순환 투자 구조로 환원되었고, 시민의 약 ⅔에 달하는 숫자가 최소 1회 이상 지역 프로젝트 기여 경험을 가진 것으로 조사되었다. 순환 구조는 경제 흐름뿐 아니라 시민의 감정적 소속감도 강화한다.

한국 서울 성동구는 2020년부터 지역 화폐의 순환 속도와 체감도를 높이기 위해, 누적 사용액 기준으로 차등화된 포인트 보상 제도를 도입했다. 사용액 30만 원 이상일 경우 2% 추가 적립, 월 50만 원 이상일 경우 지역 영화관·카페·공유 오피스 무료 이용권 등을 제공한다. 이와 동시에 시민이 지역 프로젝트에 기여하거나 제안서를 제출하면 가산점을 부여하고, 지역 화폐 지급 시 우선 수혜권을 부여하는 구조도 병행했다. 이 구조를 통해 성동구의 지역 화폐 유통 회전율은 도입 이전 대비 35% 이상 증가했으며, 자영업자의 수요 회복률도 서울 평균을 상회하는 것으로 나타났다. 이러한 실험은 '돈을 지역에서 쓰는 것'을 넘어, 자산이 지역 안에서 다시 설계되고 재생산되는 순환 구조로 진화하고 있음을 보여준다.

이 구조는 단순한 의무가 아니라, 사람들의 내면에 존재하는 '기여 욕망'을 자극한다는 점에서 더욱 의미가 깊다. 사람은 누구나 나눔을 강요당하면 반발하지만, 기여를 통해 의미를 경험할 기회가 주어질 때 자발적으로 행동한다. 예컨대, 자신이 참여한 기획에서 발생한 수익이 다음 세대의 교육에 쓰이고, 그 과정이 디지털 플랫폼에서 투명하게 공유되며, 이름 없이도 '기여자'로 기록되는 순간, 그 자산은 단순한 돈이 아닌 개인의 사회적 정체성 일부로 자리 잡게 된다. 자산이 감정적으로 재해석되는 순간, 그 흐름은 생존의 도구에서 존재의 증명으로 전환된다.

캐나다 퀘벡주에서는 이러한 흐름을 정책으로 구체화했다. 지역 프로젝트 참여에 따라 쌓이는 '기여 점수'를 통해 시민은 공공시설 예약 우선권을 얻거나, 주택 대출금리 할인 혜택을 받을 수 있으며, 시민 추천 시스템 등으로 사회적 인정 또한 함께 제공 받는다. 이처럼 자산의 흐름이 단순한 금전적 수익을 넘어 사회적 존재감과 연결되는 방식으로 설계될 때, 사람들은 자신의 기여가 사회 안에서 어떤 흐름을 만들어내고 있는지를 체감한다. 이는 자산 흐름의 감정적 설계를 통해 사회적 동기와 자긍심을 동시에 자극하고 활성화할 수 있음을 보여준다.

자산국가의 순환 구조는 새로운 감정의 흐름을 만든다. 현대 자본주의에서 자산은 '많이 모아야 안심되는 것'이었다. 언제 닥칠지 모를 위기, 끊임없이 흔들리는 일자리, 나이 들수록 줄어드는 기회 속에서 사람들은 자연스럽게 '더 많이 축적하는 것'을 생존의 감정 구조로 체화해 왔다. 그러나 그 축적은 점점 고립을 낳았다. 자산은 쌓일수록 타인과 나를 분리했고, 공유보다 경쟁, 기여보다 방어의 감정을 강화했다. 그 결과, 사람들은 점점 '잃는 것'에 예민해지고, '나누는 것'에 인색해졌다. 심지어 자신이 가진 것을 사회와 연결하는 것 자체를 위험한 일로 느끼게 되었다.

자산국가는 이러한 오래된 감정 구조를 전환하려는 시도다. 흐름을 상실로 여기는 정서를 바꾸고, 축적이 곧 안전이라는 믿음에 질문을 던진다. 그리고 그 질문은 단지 제도의 전환이 아니라, 삶을 바라보는 감각과 타인과의 연결 방식을 새롭게 조율하자는 제안으로 이어진다. 누군가가 말한다. "내가 조금 손해를 보더라도, 이게 다음 세대에게 기회가 될 수 있다면 좋겠어." 이타심을 표현하는 것만이 아니다. 그 사람은 이미 자산을 '내 것'이 아니라 '흘러가는 것'으로 이해하고 있는 것이다.

그리고 그 인식은 이상적으로만 존재하는 게 아니다. 사람들은 자기 기여가 연결되는 구조 안에 놓일 때, 더 높은 만족감과 심리적 안정감을 경험한다는 연구 결과도 많다. 서울연구원의 2022년 조사에 따르면, "자신의 세금이 어디에 쓰이는지 알고 있다고 느끼는 시민일수록 삶의 만족도, 정책 신뢰도, 지역 소속감이 유의미하게 높았다"고 한다. 이것은 세금에만 국한되는 것이 아니다. 돈이든 시간이든, 내가 준 것이 흐르고 있다는 실감, 그것이야말로 현대인이 가장 갈망하는 심리적 안정의 조건이다. 흘려 보낸다는 것은 결국, 정신적 여유를 의미한다.

자산국가는 바로 이 정서적인 보상을 구조적으로 설계한다. 기여는 손해가 아니라, 관계의 회복이자 존재의 증명이 된다. 자산이 흘러야 하는 진짜 이유는 사회를 회복하기 위해서가 아니라, 개인을 회복하기 위해서다. 흐르지 못하는 부는 나를 내 안에 가두고, 나눌 수 없는 자산은 삶을 숫자로만 환산하게 만든다. 그동안 우리는 자신을 증명하기 위해 "얼마를 벌었는가", "얼마를 쌓았는가"로만 이야기해 왔다. 그러나 이제는 그보다 더 중요한 질문을 꺼내볼 수 있다. 당신은 무엇을 연결하고 움직이게 했는가, 당신의 자산은 어떤 사람과 공간을 의미 있게 했는가, 당신의 기여는 어떤 새로운 흐름을 만들어냈는가.

이 질문들은 우리가 그동안 감추고 살아온 또 다른 인간성을 깨운다. 결국 우리는 쌓는 존재가 아니라 흘려 보내는 존재일 때 가장 인간답다. 자산국가가 바꾸려는 것은 결국 '돈'이라는 말에 담긴 감정을 바꾸는 일이다. 두려움과 고립의 언어였던 돈을 연결과 설계의 언어로 바꾸는 일이다. 자산국가가 그리는 미래는 '가진 자'의 세계가 아니라 '흘려 보내는 자'의 사회, 쌓은 사람이 존경받는 것이 아니라 흐름을 설계한 사람이 신뢰받는 구조다.

자산국가는 유토피아의 개념이 아니다. 우리가 오래전에 잃어버렸던 감정을 제도와 구조로 되살리려는 실험이다. 그리고 이 감정의 회복이야말로, 가장 강력한 혁신의 원천이 되는 것이다.

이제까지 살펴본 것처럼, 자산국가는 단순히 부를 나누는 새로운 방식이 아니다. 노동의 개념을 재정의하고, 생산의 방식을 분산형 설계로 전환하며, 기업의 존재 이유를 이윤에서 기여로 옮기고, 부의 흐름을 축적에서 순환으로 바꾸는, 근본적인 경제 구조의 재편이다. 하지만 이 구조가 진정한 전환을 이루기 위해서는 단지 수치나 시스템의 변화만으로는 부족하다. 중요한 것은, 이러한 전환이 사람들의 정서, 인간관계, 심리 구조에 어떤 파장을 일으키는가 하는 점이다. 자산국

 　　　　　　　　　　새로운 자산국가: 코리아 스탠다드

가는 경제 모델이지만, 동시에 감정의 재배치이자 삶의 서사를 바꾸는 제안이다.

따라서 다음 장에서는 이 새로운 경제 구조가 개인의 삶과 공동체, 그리고 사회 전체에 어떤 내면적 변화를 유도할 수 있는지를 보다 깊이 들여다본다. 자산국가는 어떻게 감정을 구조화하고, 심리를 안정시키며, 관계를 회복하는가. 우리가 경제라 부르던 그 모든 흐름들이 어떻게 새로운 감정의 언어로 번역될 수 있는지를 탐색해 본다.

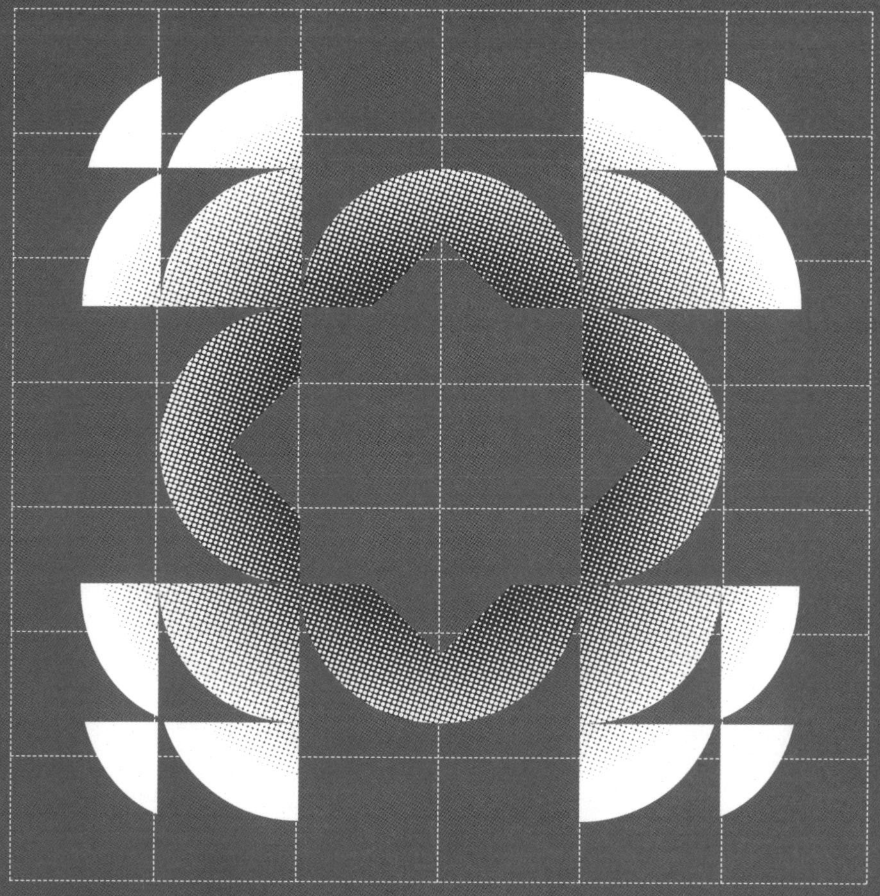

Chapter 6

자산국가가 바꾸는
감정의 구조

국가는 법률과 정책, 예산과 조직으로 이루어져 있지만, 결국 사람들의 감정 위에 서 있는 집합적 상상의 산물이다. 우리는 그것을 '사회 계약'이라 부르기도 하고, '공공성'이라 부르기도 하지만, 가장 중요한 본질은 감정의 문제다. 아무리 정교한 제도를 만들어도 그것을 지지하고 유지하는 것은 사람들의 신뢰이고, 기대이고, 공동의 미래에 대한 감각이다.

한국 사회는 법률과 제도가 부족해서 무너지는 것이 아니라, 그것들을 안정적으로 받쳐줘야 할 국민 감정의 기반이 무너지고 있다. 제도를 불신하게 되고, 행동하기도 전에 체념하게 된다. 규칙이 있어도 따르지 않고, 시스템이 있어도 기대하지 않는다. 법을 피하고 꼼수를 부리며 살아가는 것이 똑똑한 행동으로 여겨지고, 많은 사람이 어떻게든 자신도 따라 해 보려고 한다. 사람들은 점점 더 "제도 위에서

　　　　　　　　새로운 자산국가: 코리아 스탠다드

살아간다"기보다는, "제도 밖에서 살아남는다"는 감각으로 삶을 구성하고 있다.

특히 청년 세대는 "미래는 갈수록 어렵고, 예측 불가능하다"는 전제를 삶의 기본값으로 받아들이고 있다. 20대는 자신이 30대가 되었을 때, 집을 가질 수 있을지, 결혼을 할 수 있을지, 은퇴 시점까지 사회 생존이 가능한지에 대해 점점 더 확신을 잃고 있다. 중장년층은 일터에서의 소진과 가족 부양의 책임 사이에서 스스로를 '관리해야 할 리스크'로 여기기 시작했고, 노년층은 아예 '잊히거나 쓸모없어지는 두려움'과 싸운다.

이러한 감정의 구조는 단지 개인 차원의 문제가 아니라, 사회 전체의 동력을 무력화하는 심리적 인프라다. 경쟁은 사회 구조를 지배하는 정서가 되고, 불안은 당연한 일상이 되었다. 더 나은 제도를 논의하는 많은 정책 담론이 사람들의 마음에 진정성 있게 닿지 못하는 이유도 바로 여기에 있다.

자산국가는 이 심리적 기반 자체를 다시 설계하려는 제안이다. 돈을 더 나누는 제도가 아니라, 사람들이 "이 구조 안에서 살아도 되겠다"는 감정적 신호를 받게 만드는 시스템이다. 불안 대신 예측 가능성, 비교 대신 기여, 체념 대신 설계, 경쟁 대신 연결, 이것들이 자산국가가 바꾸려는 감정 생태계의 좌표들이다. 기여가 곧 보상으로 연결되는 구조는 '통제 불가능한 사회'라는 인식에 작은 균열을 만든다. 내가 한 행동이 작지만 분명한 방식으로 사회 안에 흔적을 남기고, 그 흔적이 돌아와 나에게 영향을 준다는 감각. 그것은 단지 정책의 효과가 아니라, 감정의 회복이다.

한국 사회는 긴 시간 동안 효율과 성장의 논리를 최우선에 두었고, 감정은 늘 뒷전이었다. 하지만 이제는 반대로 생각해야 한다. 제도의 성패는 감정 구조의 설계에 달려 있다. 시스템이 신뢰를 회복하지 못하면, 기술도, 정책도, 예산도 소용이 없다. 우리는 '심리적 설계'의 시대로 진입하고 있다.

이 장에서는 한국 사회에 깊게 뿌리 내린 감정 구조 – 불안과 체념, 경쟁과 비교, 소외와 무력감 – 를 자산국가가 어떻게 바꿀 수 있는지를 구체적으로 살펴본다. 그리고 제도의 설계가 개인의 심리에 어떤 정서적 피드백을 제공하는지, 그 감정의 회복이 공동체의 협력과 신뢰로 어떻게 이어지는지를 이야기한다. 자산국가는 감정을 다시 설계하는 새로운 정치 철학인 것이다.

불안에서 예측 가능성으로

한국 사회는 세계적으로도 불안 지수가 높은 국가 중 하나다. OECD 자료에 따르면, 한국 국민의 주관적 삶의 만족도는 2023년 기준 6.1점으로, OECD 평균인 6.7점보다 낮으며, 전체 38개국 중 34위로 하위권에 해당한다. 특히 20대의 삶의 만족도는 5.8점으로 가장 낮은 수준을 보인다. 청년층의 미래에 대한 불안은 매년 증가하는 추세다. 통계청이 발표한 '청년층 사회 지표(2022)'에 따르면, 20~34세 청년 중 본인의 미래가 '밝다'고 응답한 비율은 39.2%에 그쳤고, 청년 자살률은 OECD 평균의 두 배 이상을 기록했다.

이러한 통계는 한 세대의 위기를 보여주는 것만이 아니다. 한국 사회 전체가 구조적 불안에 시달리고 있다는 방증이다. 청년은 진입 장벽 앞에서 좌절하고, 중년은 생계와 자녀 교육이라는 이중의 부담에 지치며, 노년은 은퇴 이후의 삶에 대한 확신을 점점 잃어간다. 불안은 특정 계층이나 시기의 문제가 아니라, 모든 세대의 일상 깊숙이 스며든 구조적 감정이 되었다. 그 안에서 사람들은 미래를 계획하지 못한 채, 하루하루를 견디는 방식으로 삶을 이어간다.

자산국가는 이러한 불안에 대해 보조금을 지급하는 방식이 아니라, 개인이 삶의 설계에 능동적으로 참여할 수 있도록 유도하는 구조를 지향한다. 인간은 결과의 확실성보다, 예측 가능한 과정과 자신이 통제할 수 있다는 감각에서 안정감을 느낀다. 다시 말해, 불확실한 미래에 휩쓸리는 존재가 아니라, 스스로 설계에 참여하고 그 결과가 구체적인 보상과 피드백으로 돌아올 수 있다고 느낄 때, 감정의 기반은 바뀐다.

자산국가는 바로 이 감정의 구조를 바꾸어 준다. 예측 가능성은 단순히 고정적인 수입이나 일자리가 보장된다는 뜻이 아니다. 그것은 "내가 제안한 기획이 채택될 수 있다", "내가 참여한 자산 설계가 배당으로 이어진다", "내가 감시한 정보가 실제 정책에 영향을 미친다"는 감정의 연결망이다. 다시 말해, 결과가 아니라 과정의 주도권이 예측 가능성을 만든다.

해외에서도 이와 유사한 구조적 시도들이 있다. 싱가포르는 '중앙적립기금(CPF: Central Provident Fund)'을 통해 모든 국민이 주거, 의료, 은퇴에 대한 계획을 자율적으로 설계하고 운영할 수 있도록 지원한다. 단순한 저축을 넘어서, 삶의 중요한 영역들을 스스로 설계할 수 있다는 프레임을 제공함으로써, 개인은 미래를 통제 가능한 것으로 인식하게 된다. 네덜란드는 중증장애인들을 대상으로 '개인 예산제 (PGB: Persoonsgebonden Budget)'를 도입해, 본인이 필요한 복지 서비스를 직접 고르고 설계할 수 있도록 한다. 이는 복지 수혜가 아니라, 삶의 주도권을 회복하는 감정적 경험으로 이어진다. 내가 내 삶에 대해 결정을 내릴 수 있다는 사실은 그것만으로도 강력한 심리적 안정감을 제공한다.

한국에서도 유사한 흐름은 시작되고 있다. 서울시의 '자산형 통장 제도'는 일정 소득 이하 시민이 저축하면, 시에서 같은 금액을 매칭해 주는 구조를 갖고 있다. 이 제도에 참여한 시민들은 재정적 도움을 받은 것을 넘어, "내가 내 삶을 직접 설계하고 있다"는 실질적인 감정 변화를 경험했다고 응답했다. 이는 감정 구조를 뒤흔드는 작지만 중요한 시작이다.

자산국가의 핵심은 각자의 기여가 체계에 반영되고, 그 반영이 일정한 보상이나 결과로 이어질 수 있다는 사회적 예측 가능성을 제공하는 데 있다. 단순히 안전망을 제공하는 개념이 아니라, 사람들이 스스로 인생을 설계하고, 실험하고, 실패할 수 있는 심리적 권한을 제공하는 것이다. 심리학자 마틴 셀리그만은 "인간의 불안은 외부의 위협에서 오기보다는, 통제할 수 없다는 감각에서 비롯된다"고 말한다. 예측 가능성은 바로 그 감각을 회복하는 출발점이다.

한국행정연구원의 '공공정책 신뢰지표' 분석에 따르면, "정책에 내 의견이 반영될 수 있다"는 기대감이 높을수록 정책 신뢰도와 삶의

   새로운 자산국가 : 코리아 스탠다드

만족도가 함께 상승하는 경향을 보인다. 자산국가는 이러한 기대를 일회성 정책이나 캠페인에 그치지 않고, 현실 속 제도와 플랫폼에 구조적으로 반영하려는 시도다. 참여의 경험이 예측 가능성을 만들고, 예측 가능성은 곧 불안을 낮추는 심리적 토대가 된다. 결국 자산국가는 '불안을 없애는 구조'를 만드는 것이 아니라, 불안을 이해하고 통제할 수 있도록 돕는 감정적 인프라를 구축하는 것이다. 이는 수치로 측정되는 안전보다는, 삶을 주도할 수 있다는 믿음에서 비롯된 예측 가능성이다. 그리고 이 예측 가능성이야말로, 지금 한국 사회가 가장 절실하게 필요로 하는 새로운 사회적 자산이다.

비교와 시기에서 참여와 기여로

한국 사회는 경쟁보다 '비교'가 더 뿌리 깊은 감정으로 작동한다. 타인의 삶을 끊임없이 관찰하고, 상대적 박탈감과 시기심 속에서 자존감이 흔들리는 사회. 2023년 한국인터넷진흥원 자료에 따르면, 우리 사회의 미래를 책임지게 될 10~30대의 하루 평균 SNS 사용 시간은 2시간 46분이며, 사용자 65%가 SNS 이용 중 '상대적 박탈감'이나 '불안감'을 경험한다고 답했다. 이런 정서는 물질적 부족보다 심리적 결핍에서 비롯된다.

한국 사회의 비교 감정은 단순한 개인의 열등감이 아니라, 구조적이고 반복적인 훈련에 가깝다. 입시 경쟁에서 시작된 상대 평가는 대학 서열, 취업 시장, 연봉, 부동산 보유 여부, 심지어 SNS에 게시하는 일상까지 이어지며, 끊임없는 우열 구도를 형성한다. 비교 감정은 점점 더 미세하고 사적인 영역까지 침투하며, 사람들은 정체성을 잃고 더 이상 자기 내면의 감정으로 자신을 정의하지 못한다. 그 대신 타인의 피드백, '좋아요' 수, 인플루언서의 일상과 같은 외부 지표로 자기 위치를 측정하게 된다.

자산국가는 이 구조를 전면적으로 바꾼다. '비교의 구조'를 '참여의 구조'로 전환함으로써, 내가 어느 대학을 나왔는지, 어떤 차를 몰고 다니는지가 아니라, 어떤 프로젝트에 기여했고, 어떤 공동체를 함께 설계했는가가 새로운 자존감의 기준이 된다. 이는 사회적 분위기를 변화시키는 수준을 넘어서서, 비교 의식이라는 근본적인 감정 자체를 무력화시키는 시도이다.

사람들은 SNS에서 성과, 외모, 연애, 소비를 중심으로 타인을 비교하며 자존감을 측정한다. 하지만 자산국가의 기여 시스템은 '결과보다 참여와 기획의 맥락'을 더 중시하여 자산을 분배하고 평가한다. 이는 사람의 심리적 필요에 정확히 맞닿아 있다. 인간은 누구나 '필요한 존재'로 느껴질 때 심리적 안정감을 얻는다. 자산국가는 이 감정을 구조화한다. 자산이 단순히 돈이 아니라, '내가 만든 무언가에 대한 보상'으로 주어지기 때문이다.

실제로 서울 성동구의 청년기획단 참여자는 인터뷰에서 "누군가를 이기려는 마음보다, 내가 무엇을 만들고 있는지가 중요해졌다"고 말했다. 그에게는 성과보다 '만들어가는 과정'이 더 중요한 기준이 되었고, 그 안에서 자존감은 '비교'가 아닌 '기여'로부터 비롯되었다. 2022년 경기문화재단의 '시민문화참여 기획단'에서는 참여자 84%가

"참여 이후 자신에 대한 인식이 긍정적으로 바뀌었다"고 응답했으며, 실제로 참여자들의 6개월 후 평균 자존감 지수는 비참여자 대비 15% 높게 나타났다. 참여자 중 한 명은 이렇게 말했다. "내가 제안한 프로그램이 동네 주민들한테 반응을 얻었고, 그들이 나한테 고맙다고 인사했을 때, 처음으로 이 도시에서 내가 필요한 사람이라는 느낌이 들었다." 자산국가는 이렇게 '내 존재의 가치를 입증하는 새로운 경험'을 만들어낸다.

자산은 이제 소유가 아니라 관계의 증거가 된다. 어떤 관계를 형성했고, 어떤 기여를 남겼는지가 자산의 분배 기준이 된다. 이 새로운 구조는 사람들의 감정 회로를 재조정한다. 비교에서 비롯된 불안은 더 이상 작동하지 않는다. 대신, "나는 사회에 어떤 식으로든 필요한 사람이다"라는 자기 확신이 감정 생태의 중심이 되어 퍼져 나가고, 내가 아닌 타인에게도 그들 각자의 역할과 가치를 있는 그대로 인정한다. 자산국가는 단순한 경제적 차원의 소득 보장 구조가 아니라, 자존감을 회복하는 구조로 설계되어야 한다. 자산은 곧 정서적 안전망이며, 자산국가는 감정의 언어로 이 안전망을 다시 만든다.

체념에서 재설계로

많은 사람이 이제 더 이상 '나아질 것'이라는 기대를 크게 갖지 않는다. 열심히 해도 달라지지 않고, 제도는 너무 복잡하거나 느리며, 사회는 내 목소리를 반영하지 않는다고 느낀다. 이러한 감정들은 반복되며 하나의 내면 구조를 형성하고 있다. 그것은 바로 체념이라는 매우 부정적인 감정 회로다. 체념은 반복된 실패와 무시, 지연과 왜곡된 피드백이 실망감과 함께 축적된 결과로서, 사람의 사고와 의지, 행동 반경을 모두 위축시킨다. 어떠한 문제에 대해 이야기하는 것을 점점 더 포기하게 되고, 무언가를 제안하거나 계획하고 시도하는 것 자체를 무의미한 일로 여기게 된다. 이렇게 사람들은 '적응'이 아니라 '회피'의 전략을 택한다.

그 결과, 삶의 전략은 나를 둘러싼 사회와 제도 바깥으로 향한다. 예컨대 대학 진학보다 해외 이민을 꿈꾸고, 장기 커리어보다 단기 수익형 부동산 투자나 주식 '영끌'에 몰두하는 현상은 모두 체념의 감정 구조에서 비롯된 모습이다. 실제로 통계청의 '2022년 청년 이탈 동기 조사'에 따르면, 청년 응답자의 41.3%가 "한국 사회에서 내가 원하는 삶을 설계할 수 없다"고 응답했다. 삶이라는 것이 계획하고 실현해 나가는 대상이 아니라, 너무 어렵게 느껴져서 피난처를 찾아 다녀야 하는 모습이 되었고, 이 감정은 점점 더 많은 이들에게 정서적 기본값이 되고 있다.

결국 개인은 살아남기 위해 이렇게 '비공식 전략'을 찾게 되고, 사회 전체를 제도적 회피 상태에 이르게 한다. 이는 학습된 무기력(Learned Helplessness)의 집단화이며, 이는 곧 정치적 무관심으로 이어진다. 실제로 2020년 대한민국 총선 기준 20대 투표율은 46.9%에 불과했고, 2030 세대의 정당 신뢰도는 전체 평균보다 23% 낮았다. 즉, 체념은 정치적 고립을 낳고, 이는 다시 제도에 대한 기대를 낮추는 순환 구조를 형성한다. 이 순환이 반복되면 결국은 제도가 제대로 작동

　　　　　　　　　새로운 자산국가 : 코리아 스탠다드

할 수 없게 되며, 존재 의미 자체를 잃어버리게 돼서 무법과 불법이 자연스럽게 스며들게 된다. 더 큰 문제는 제도가 아예 '나와는 무관한 것'이라는 정서가 개인의 내면에 굳어진다는 데 있다.

자산국가는 이 악순환을 끊는다. 자산국가는 "참여하면 바뀔 수 있다"는 인식과 실제 경험을 반복 가능하게 만들어, 체념을 '재설계의 의지'로 전환한다. 참여 기회를 열어주는 것만이 아니라, 사람들이 진짜로 변화를 일으킬 수 있다고 믿게 만드는 감정의 구조를 재설계하는 것이다.

서울시의 주민참여예산제는 이 전환의 가능성을 보여주는 대표적 사례다. 2023년 기준 약 13만 명이 투표와 제안에 참여했고, 총 1,200건 이상의 사업이 시민들의 제안과 결정으로 시행되었다. 이 사업들 중 상당수는 동네의 작은 불편, 일상의 틈을 메우는 것들이었다. 공원 내 낡은 화장실 개선, 야간 여성 귀갓길의 조명 설치, 폐지 수거 어르신들을 위한 보관 캐비닛 등 거대 담론이 아닌 생활 속 경험에서 출발한 아이디어들이었다.

참여자 박모 씨(29세, 성북구 거주)는 대학 졸업 후 수년간 계약직을 전전하며, 사회에서 자신의 목소리가 작동하는 경험을 한 번도 해본 적이 없었다고 했다. 그는 주민참여예산제 공모에 "1인 가구 전용 쓰레기 분리수거 안내 시스템"을 제안했다. 평소 6평 원룸에서 혼자 생활하며, 분리 배출이 까다롭고 정보도 부족하다는 점에서 착안한 아이디어였다. 1인가구의 경우 구역마다 분리수거 규칙이 까다롭고 공지사항이 잘 전달되지 않아, 불법 투기로 오해받거나 경고장이나 과태료까지 부과되는 경우가 있는데, 이를 방지하기 위해 모바일 앱, 문자 알림 등으로 안내해 주는 시스템이다. 이러한 것은 사소한 예로 보일 수도 있으나, 직접 겪어본 사람만이 할 수 있는 디테일한 제안이라는 점은 분명하다.

"사실 처음엔 그냥 써본 거였어요. 당연히 채택 안 될 줄 알았어요. 근데 며칠 뒤에 구청에서 연락이 왔고, 담당자랑 회의도 몇 번 하고, 두 달 뒤엔 동네 게시판에 제 이름이 적힌 공고가 붙어 있더라고요. '○○○ 제안 사업 시행 예정'이라고요. 처음엔 좀 어색했는데, 그거 보니까 진짜 내가 사회를 위해 뭔가 만든 것 같은 기분이 들었어요." 박씨는 이후 다른 청년들과 함께 마을 회의에 참여하며 또 다른 제안을 내고 있다. 그는 "내가 만든 게 정책이 되고, 그게 동네의 뭔가를 바꾸고, 주민들이 고맙다고 할 때, 내가 이 시스템 안에서 작동하는 존재라는 걸 처음 느꼈다"고 말했다. 그의 표현을 빌리면, "이 나라에는 내가 끼어들 수 있는 틈이 없는 줄 알았는데, 그 작은 틈 하나가 열리자 모든 게 다르게 보였다"는 것이다.

자산국가는 이 '작은 틈'을 반복 가능한 구조로 만든다. 참여는 의무가 아니라 회복의 경로다. 내가 제안한 아이디어가 채택되고, 그것이 실행되고, 그 결과를 내가 다시 목격하는 이 감정의 순환은 단순한 정책 참여를 넘어서, 삶을 다시 설계할 수 있다는 믿음을 복원하는 과정이다. 결국, 이 체념이라는 아주 부정적인 감정은 이제 '생존 전략'이 아닌, '재설계의 가능성'을 마주하면서 소멸되기 시작한다. 사람들은 작은 변화가 현실이 되는 과정을 목격하고, 그 안에서 다시 제도 안의 '행위자'로 자신을 인식하게 된다. 자산국가는 바로 이러한 감정 전환을 가능하게 하는 인프라다. 설계가 가능한 사회, 응답이 가능한 제도,

　　　　　　　　새로운 자산국가: 코리아 스탠다드

그 안에서 "나도 다시 설계할 수 있다"는 감정의 회복이 자산국가의 핵심 기능이다.

경쟁에서 연결로

한국 사회의 성공 서사는 철저히 경쟁을 기반으로 만들어졌다. 유년기부터 성적과 석차를 중심으로 서열화되고, 좋은 대학 진학, 대기업 취업, 높은 연봉, 자산 증식으로 이어지는 '경쟁 서사'는 오랫동안 성공의 정석으로 여겨져 왔다. 심지어 사람들의 인간관계, 일상, 자기 인식마저 이 서사의 프레임 안에서 작동한다. 누군가와의 관계보다, 그 사람보다 얼마나 앞서 있느냐가 더 중요하게 여겨지고, 협업보다는 자신의 생존이 우선된다.

이 구조는 특정 개인에게 동기부여가 되기도 하지만, 집단 차원에서는 장기적으로 관계의 해체를 유발한다. 서로가 서로를 견제하고 감시하며, 타인의 성공은 곧 나의 실패처럼 느껴진다. 사람들은 겉으로는 응원하지만 속으로는 불편함을 느끼고, 이 모순된 감정은 사회 전체에 불신과 고립감을 확산시킨다. 경쟁은 나를 몰입시키는 시스템이기도 하지만, 동시에 타인을 경계하는 감정 회로를 고착시키는 구조다.

이런 경쟁의 감정 구조는 시대에 따라 진화해 왔다. 한때는 학업 성적이 중심이었다면, 이후엔 학벌, 직장 브랜드, 연봉 수준, 최근에는 부동산 보유 여부나 투자 수익률로 비교의 기준이 이동했다. 그러나 기본 구조는 동일하다. 다른 누군가가 나보다 낮아야 내가 높다는 착

각, 상대의 실패가 나의 생존 조건이 되는 감정 구조. 이 구조는 결국 서로를 경계하는 감정이 일상이 되어, 누구도 마음 놓고 기대기 어려운, 한 마디로 인간미가 없는 사회를 만들게 된다. 개개인의 능력과 실력은 더 발전할 것이라고 생각할 수 있으나, 그렇지 않다. 개인만의 능력으로 발전할 수 있는 범위의 총량은 결국 협동과 협업을 통해 발전할 수 있는 범위보다 작다.

자산국가는 이 경쟁 감정 구조를 생태계적 감정 구조로 전환한다. 자산국가가 설계하는 구조는 한 사람의 기여가 다른 사람에게 기회가 되고, 또 다른 사람의 참여가 다시 나의 성장을 이끄는 순환적 연결 구조다. 여기서는 '성공은 하나의 점이 아니라, 관계 위에 생기는 파동'이다. 계속해서 연결된 수많은 파동이 곳곳에서 공명(Resonance)을 일으키며 그 효과가 증폭되는 원리이다. 자산국가는 경쟁 대신 연결의 감정 구조를 구축함으로써, 한 개인의 행동이 공동체 전체의 성장으로 확장되는 시스템을 설계한다.

예컨대 경기도 수원시의 '커뮤니티 기반 태양광 발전 프로젝트'는 주민들이 스스로 사업을 기획하고, 소액을 출자해 공동 소유주가 되는 방식으로 운영된다. 이익은 배당 형태로 일부 돌려받고, 나머지는 마을 커뮤니티 공간 리모델링, 에너지 취약 계층 지원 등으로 재투자된다. 주민들 간의 연결을 통해 참여-수익-재기여라는 순환 고리를 실현한 사례다. 한 참여자는 이렇게 말했다. "사실 처음엔 이게 나랑 무슨 상관인가 싶었어요. 그런데 동네 청년이 설명해 주길래 조금 도와줄 생각으로 회의에 갔죠. 다 같이 어떤 모양으로 패널을 설치할지, 마을 회관을 어떻게 바꿀지를 이야기하는데, 희한하게 웃음이 나더라고요. 그냥 오래 살던 동네인데, '이걸 내가 다른 사람들과 같이 바꾸고 있구나'라는 생각이 들었어요."

그는 이후 자발적으로 주민 회의에 나가 마을 행사 예산을 이 프로젝트 수익 일부로 편성해 보자고 제안했고, 그 제안은 받아들여졌다. 그는 "그 뒤로 사람들이 저를 다르게 보더라고요. '뭘 해보는 사람'으로. 나도 동네에서 아직 쓸모 있는 사람이구나, 싶었죠"라고 말했다. 이는 남보다 앞서려는 경쟁이 아니라, 서로를 연결하는 경험을 통해 나를 다시 발견하는 감정의 전환이었다.

이런 감정의 재구성은 해외 사례에서도 뚜렷하게 나타난다. 핀란드의 공동 주거 실험 도시 '카세루스(Kaserrus)'는 주택만이 아니라 커뮤니티 공간, 문화 시설, 지역 재정의 분배 구조까지 주민들이 직접 설계하는 프로젝트다. 주민들은 한 달에 한 번 공공 운영 회의를 열어, 지역 문제를 함께 논의하고 소규모 공공사업의 방향을 결정한다. 이 지역의 스트레스 지수는 핀란드 평균보다 32% 낮고, 정서적 지지 네트워크가 일상 속 관계 안에서 작동한다. 이곳의 주민 중 하나는 이렇게 말한다. "이곳에서 우리는 누가 잘났느냐보다, 누구랑 함께하고 있느냐가 더 중요해요. 내가 잘되면 그 영향이 옆 사람에게도 간다는 걸 느끼니까, 혼자만 앞서고 싶은 마음이 사라졌어요."

일본 가나자와시도 동네 단위 교류 공간을 설계해 이웃 간 신뢰도와 상호 지원 비율을 높였다. 이 교류 공간은 지역민들이 자유롭게 모여 공동의 문제를 논의하고, 예산을 분배하며, 문화 행사를 기획하는 거점 역할을 한다. 이 도시에서는 고립감 지수가 줄어들었고, 범죄율 역시 하락했다. 총무성 보고서에 따르면, "이웃과의 관계가 삶의 질을 바꾼다고 느낀다"고 응답한 비율이 67%에 달했다.

이 모든 사례는 경쟁 대신 연결이 주는 정서적 안정감을 보여준다. 연결의 감정 구조는 사람들에게 세 가지 확신을 준다. 첫째, 나의 기여는 의미 있다. 둘째, 누군가와 함께 성장할 수 있다. 셋째, 이 구조 안에서 나는 안전하다.

자산국가는 이 연결의 감정 구조를 제도화한다. 과거에는 "성공하면 떠나라"는 말이 자연스럽게 받아들여졌지만, 자산국가는 그 반대다. "성공했기 때문에 남아야 하고, 더 많이 연결되어야 한다." 이는 자산국가가 경쟁에서 벗어나 '공동체적 성장 모델'을 현실화하는 방식이다. 결국, 자산국가란 사람과 사람 사이의 긴장을 줄이고, 기회를 확장하며, 감정 생태계를 안정화하는 설계다. 경쟁은 긴장과 위기의 시스템이고, 연결은 공진화(Coevolution)와 회복의 시스템이다. 자산국가는 우리가 서로를 이기지 않아도, 함께 더 나아질 수 있다는 감정 기반을 만든다.

감정 생태계의 전환: 감정도 구조다

감정도 구조이고, 시스템이다. 한국 사회에 만연한 불안, 시기, 체념, 고립감은 개인의 성격이나 태도 때문이 아니라, 사회적 설계의 부재와 실패가 만든 결과다. 감정은 언제나 사회의 최전선에서 반응하고, 제도의 맨 끝에서 투영된다. 따라서, 자산국가는 감정까지도 구조화한다. 21세기의 시민은 물리적 노동뿐 아니라, 감정 노동에도 끊임없이 노출되어 있다. 뉴스 피로, 관계 피로, 공감 소진 — 이러한 감정의 지속적 소모는 개인을 고립시키고, 사회 전체를 지치게 만든다. 감정은 연료처럼 타버리지만, 보충받을 경로는 대부분 차단되어 있다.

사회학자 에바 일루즈는 '감정 자본주의' 개념을 통해 현대 사회에서 감정 그 자체가 자본처럼 생산되고, 동원되며, 소비된다고 말한다. 사람들은 일터에서, 학교에서, 관계에서 '좋은 감정'을 끊임없이 생산하길 요구받는다. 그러나 그 감정은 자기 것이 아니다. 타인의 기대에 맞춘 '정서적 연출'일 뿐이다. 자산국가는 이 소진된 감정을 다시 회복 가능한 구조로 재설계한다. 제도 그 자체가 감정을 고려한 설계 방식으로 바뀌게 되는 것이다.

청소년의 감정 생태계를 보자. 그들은 끊임없이 타인과 비교당하고, SNS에서 '즐거운 얼굴'을 유지해야 한다. 친구의 성공은 곧 나의 불안이 되고, 멈추면 도태된다는 공포가 마음을 잠식한다. 특히 '좋아요'와 팔로워 수 같은 감정 지표화는 아이들이 자기 존재를 외부 지표로 평가하게 만든다. 그 결과, 청소년들은 사회적으로 가장 연결되어 있는 것처럼 보이지만, 정서적으로 가장 고립된 집단이 된다.

노년층은 또 다르다. 경제적 은퇴는 관계적 은퇴로 이어지고, "나는 이제 쓸모 없다"는 감정이 자리를 잡는다. 서울의 한 노인 복지 센터 설문조사에 따르면, 65세 이상 응답자의 52%가 "요즘 나를 찾는 사람이 없다"고 답했고, 이 중 34%는 "일주일 이상 아무와도 대화하지 않은 날이 있다"고 했다. 무용감과 관계 단절은 노년기의 감정적 사막을 만든다. 자산국가는 세대별로 감정 회복의 루트를 설계함으로써, 감정의 재사회화를 시도한다. 꼭 성과가 필요한 것이 아니라, 존재만으로도 의미 있다는 메시지를 지속적으로 주는 것이 필요하다. 예컨대 청소년에게는 '성과 없는 기획 참여', 노년층에게는 '마을 설계 공동체' 같은 비물질적 자산 기획을 통해, 다시 '감정을 나눌 수 있는 통로'를 만들어야 한다.

2021년 세계가치조사(World Values Survey)에 따르면, 사회적 신뢰 수준이 높은 국가일수록 국민의 주관적 안정감 지수가 높았으며, 신뢰도가 낮은 국가는 불안정감, 고립감, 분노 경험 비율이 높게 나타났다. 즉, 감정 안정성은 심리의 문제가 아니라 제도의 문제다. 참여를 통해 기여감을 만들고, 기여를 통해 자존감을 회복하며, 자존감을 통해 신뢰와 협력이 가능한 감정 생태계를 설계하는 것. 이것이 자산국가가 설계하는 가장 기초적이고 중요한 인프라다.

감정은 사회의 가장 밑바닥에서 흐르는 '정서적 수도관'이다. 마치 지하에서 도시 전체를 지탱하는 수로처럼, 감정 구조는 사회 전체의 신뢰, 갈등, 협력, 지지를 떠받친다. 자산국가는 이 감정의 기반 시설을 다시 짜는 작업이다. 여기에선 감정의 '계급 구조'를 인식하는 것도 필요하다. 저소득층은 생존의 위협에서 오는 불안에 시달리고, 중산층은 비교와 불확실성에서 오는 피로에 눌리며, 고소득층조차도 관계의 고립과 존재감 결핍을 겪는다. 감정의 구조는 경제 계층만큼이나 불평등하다. 자산국가는 이 감정 불균형을 완화하고, 세대와 계층을 가로지르는 감정적 접점을 설계하는 프로젝트이기도 하다.

스웨덴 말뫼시는 난민과 지역 주민이 공동체 텃밭을 운영하며 상호 환대를 기반으로 신뢰 구조를 구축했고, 해당 구역의 범죄율과 이민자 분리감이 2년 내 절반 가까이 감소했다. 이 사례는 감정이 인간적

　　　　　　　　　　　　　새로운 자산국가: 코리아 스탠다드

도덕의 문제가 아니라, 정책과 제도를 구성하는 실질적 언어가 될 수 있음을 보여준다. 미국 존스홉킨스대 연구에 따르면, '정서적 연결 지수(Emotional Connectedness Index)'가 높은 지역은 시민 참여율, 기부율, 공동체 유지율이 높고, 정책 수용도도 1.7배 높게 나타났다. 감정은 제도의 수용성과 지속성을 가능케 하는 핵심 동력이다.

한편, 감정은 제도만으로 바뀌지는 않는다. 감정은 언어, 예술, 미디어를 통해 사회 속에 스며든다. 자산국가는 공공 예술, 감정 언어 교육, 시민 미디어를 통해 감정의 생태를 재구성하는 문화적 기반 시설을 함께 설계해야 한다. 제도는 구조를 설계하지만, 예술은 문화와 분위기를 설계한다. 사람이 그 안에서 "살고 싶다"는 느낌을 가지게 만드는 것은 법조항이 아니라, 서사와 이미지다.

여기에 더해, 오늘날 감정 생태계는 디지털 플랫폼을 통해 확산된다. SNS 알고리즘은 자극적인 분노 기반의 콘텐츠를 빠르게 퍼뜨리는 감정 기후를 형성하고 있다. "분노는 클릭률을 높이고, 불안은 체류 시간을 늘린다." 이 원칙이 지배하는 디지털 공간에서, 사람들의 감정은 끊임없이 조각나고, 기획되지 않은 방식으로 확산된다. 자산국가는 이 디지털 감정 기후까지 감안한 '감정 온도 조절' 전략이 필요하다. 디지털 시민 교육에서 '감정 문해력'을 포함하고, 지역 기반 감정 커뮤니티를 통해 오프라인 공감 공간을 제공하며, 공공 포털의 알고리즘을 '공감도 기반'으로 설계하는 시도 같은 것들을 그 예로 들 수 있다.

즉, 감정이라는 것은 정치의 언어이자 사회의 인프라이기도 한 것이다. 뉴질랜드의 저신다 아던 총리는 코로나19 기간 동안 공감, 경청, 정직을 중심에 둔 '감정 기반 리더십'을 통해 국제적인 지지를 얻었다. 그녀의 말이나 표정은 단순한 정치 수사가 아니라 공동체 전체의 심리적 기둥이 되었다. 자산국가는 이와 같이 '감정 설계'를 실험하며 나아가는 구조다. 사람의 감정을 다시 살아 있게 만드는 사회. 제도가 구조를 짜고, 감정이 그 구조 안에서 흐르게 만드는 사회. 바로 이러한 새로운 생태계를 제안한다. 감정을 사회 구조 안에서 순환 가능한 에너지로 다시 설계하게 되고, 사람들은 이제 "무엇을 느끼는가"를 통해 "어떻게 살아갈 것인가"를 결정한다. 불안이 기본값이던 사회에서 안정이 감정의 전제가 되면 사람들의 삶은 달라진다. 타인에 대한 신뢰, 사회에 대한 기대, 자신에 대한 확신이 회복될 때, 그 감정은 곧 행동의 설계로 이어진다.

이제 우리는 한 걸음 더 나아가 보려 한다. 감정 생태계가 바뀌면 삶의 조건도 바뀐다. 감정이 바뀐 사람은 선택도 다르게 하고, 미래를 설계하는 방식도 달라진다. 다음 장에서는 자산국가가 개인의 인생 경로, 커리어 구조, 가족 관계에 어떤 구체적 변화들을 불러오는지를 살펴본다. 자산의 재설계가 곧 삶의 재설계가 되는 사회, 그 실제적 구조를 함께 들여다보자.

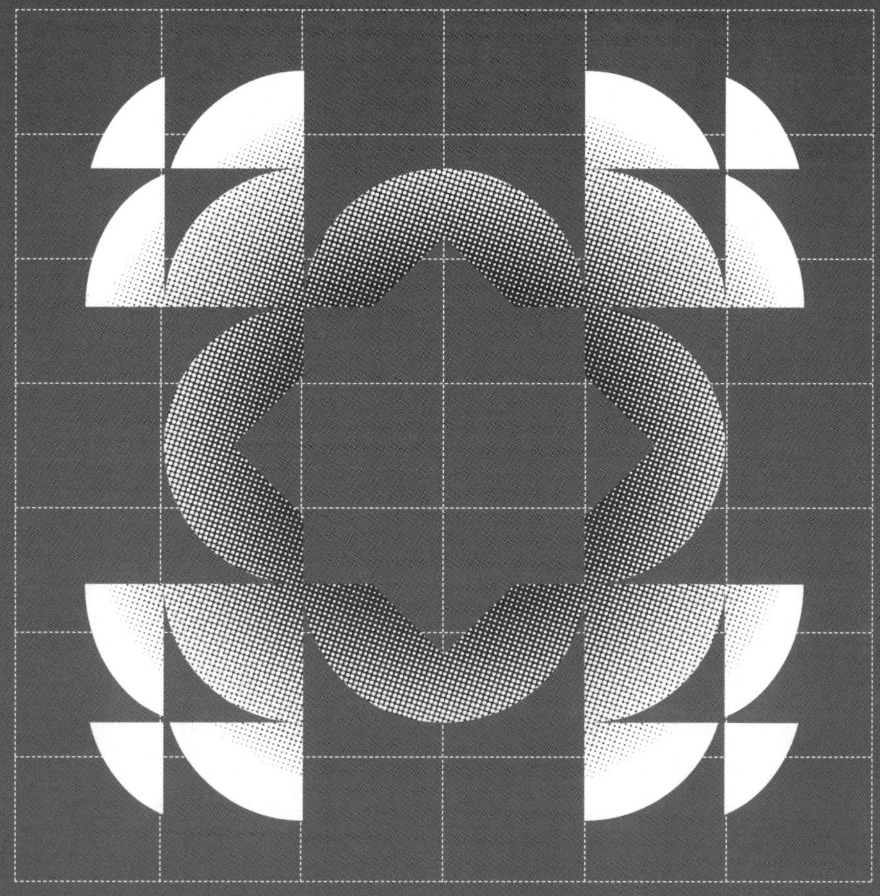

Chapter 7

자산국가가 바꾸는 인생 경로: 커리어, 가족, 라이프 사이클

자산국가는 경제 시스템이나 사회 감정 구조만을 바꾸는 것에서 멈추지 않는다. 궁극적으로 개인의 삶의 흐름, 즉 '인생 경로' 자체를 바꾸는 사회 설계다.

인생 경로는 결코 개인의 선택만으로 구성되지 않는다. 누구나 '자유롭게' 선택한다고 믿지만, 사실 우리가 무엇을 선택할 수 있는가는 제도가 정한 경계와 문화가 허용한 기대 안에서 제한된다. 사람이 인생에서 언제 무엇을 해야 하고, 어떤 선택은 안전하며, 어떤 삶은 무책임하다고 여겨지는지, 이 모든 판단은 사회 구조가 그려 놓은 '보이지 않는 지도'를 따라간다.

예컨대, 한국 사회에서 커리어는 "얼마나 오래 일할 수 있는가", "얼마나 안정된 수입이 있는가"로 정의된다. 가족은 '법적 결혼과 혈연을 중심으로 한 생활 단위'로 인정되고, 인생의 흐름은 '학습 → 노동

 새로운 자산국가: 코리아 스탠다드

→ 은퇴'라는 직선형 구조로 설계되어 왔다. 이 구조 안에서 벗어나는 삶 — 창작자, 비혼, 독신, 중간 이탈자, 실패자 — 는 '예외'나 '불안정한 상태'로 간주된다.

그러나 이제 이 전제는 더 이상 유효하지 않다. 기술은 빠르게 진화하고, 고령화는 피할 수 없는 현실이 되었으며, '한 직업, 한 가족, 한 경로'로 인생을 설명하는 방식은 사람들의 삶과 맞지 않는다. 원하는 직업 1순위는 계속해서 바뀌고, 현재는 N잡러가 유행하고 있다. 사람들은 더 자주 전환하고, 더 다양하게 연결되며, 더 유연하게 삶을 재조정하려 한다. 하지만 문제는 이 새로운 흐름을 받아줄 수 있는 제도적 기반이 부족하다는 데 있다. 사람들은 이미 변화하고 있지만, 사회는 여전히 고정된 구조 안에 머물러 있다.

자산국가는 이 간극에 개입한다. 그것은 새로운 소득 모델을 설계하는 동시에 삶의 설계 권한을 개인에게 돌려주는 구조다. '일하지 않으면 생존이 불가능한 구조', '결혼하지 않으면 돌봄을 기대할 수 없는 구조', '한 번 실패하면 되돌릴 수 없는 구조'를 해체하고, 더 많은 사람이 더 자주 전환하고, 실험하고, 회복하고, 연결할 수 있도록 한다.

이 장에서는 자산국가가 개인의 삶의 흐름을 어떻게 바꾸는지를 구체적으로 살펴본다. 단순히 "돈이 생긴다"는 문제가 아니라, 어떤 선택이 가능해지는가, 어떤 방식으로 살든 존중받을 수 있는가, 삶의 리듬을 누구의 기준으로 조율할 수 있는가에 대한 이야기다.

첫째, 자산국가는 커리어의 구조를 바꾼다. 지금까지는 안정성을 기준으로 선택된 직업이 대부분이었다면, 자산국가는 '생계로부터의 자유'를 제공함으로써, 사람들이 더 실험적이고 창의적인 일을 시도할 수 있는 환경을 만든다.

둘째, 자산국가는 가족 구조를 바꾼다. 가족이 생존의 조건이 아니라 감정적 연대의 선택이 될 수 있도록 구조를 재편한다. 비혼, 독신, 공동체 기반 가족, 돌봄의 재구성 같은 삶의 방식이 제도적으로 가능해지는 조건을 만든다.

셋째, 자산국가는 라이프 사이클을 바꾼다. 기존의 '학습 → 노동 → 은퇴'라는 직선형 인생 모델이 아니라, 학습과 노동, 쉼과 전환이 반복적으로 교차되는 '순환형 생애 경로'를 가능하게 한다.

마지막으로, 자산국가는 실패에 대한 개념을 바꾼다. 지금까지는 실패가 낙오로 여겨졌지만, 자산국가는 실패를 새로운 시작의 일부로 구조화한다. '다시 시작할 수 있는 사회'는 안전한 사회를 의미할 뿐만 아니라, 사람들이 끝까지 살아볼 수 있는 사회이기도 하다.

결국, 자산국가는 개인에게 소득만 보장하는 게 아니라, 삶을 다시 설계할 수 있는 권한과 구조를 제공하는 제도다. 그 구조는 감정에서 출발하고, 제도를 통해 구현되며, 인생이라는 시간의 흐름 속에서 현실이 되는 것이다.

커리어의 변화: 안정 대신 실험을 선택할 수 있는 구조

한국 사회에서 커리어는 오랫동안 '안정'을 중심으로 설계되어 왔다. 직업은 곧 생계였고, 생계는 곧 생존이었다. 개인의 진로 결정은 "무엇을 하고 싶은가"가 아니라, "무엇으로 생존할 수 있는가"에 대한 판단이었고, 어느 정도 이 사회에서 '살아남는 법'을 알게 되면, 그 삶에 안주하고 더 이상 꿈을 꾸지 않았다.

통계청에 따르면 2022년 한국 청년층이 가장 선호하는 직업은 공무원(33.7%)과 대기업 직원(27.2%)이었다. 창작자, 기획자, 프리랜서, 자영업자 등 자율적이거나 실험적인 직업군을 선호한 비율은 모두 합쳐도 5%를 넘지 못했다. 매년 20만 명이 넘는 인원이 공무원 시험에 응시하고, 주요 직군의 경쟁률은 50:1을 상회한다. 공무원, 대기업, 의사, 약사와 같은 직군은 높은 안정성과 고정된 수입, 그리고 사회적 인정을 동시에 보장해 주는 통로로 여겨지며, "가능하면 이 안에 들어가야 한다"는 심리적 압력이 청년 세대 전반을 지배해왔다.

이러한 압력은 단순히 직업 선택에만 영향을 미치는 것이 아니라, 삶의 태도 전반을 바꾼다. 자율성보다 예측 가능성을, 실험보다 반복을 택하게 만든다. "일은 의미가 아니라 생존 수단이다"라는 감정은 직업뿐 아니라 개인의 자기 인식, 삶의 리듬까지 지배한다. 실제로 OECD 기준 한국의 연간 평균 근로 시간은 1,915시간으로, 회원국 중 최상위권이다. 이는 곧 '일 = 소득 = 생존'이라는 등식이 여전히 강력하게 작동하고 있음을 보여준다.

이런 구조 속에서는 '새로운 커리어'를 상상할 여유도, 그걸 감행할 용기도 갖기 어렵다. 하고 싶은 일이 있더라도 "안정된 다음에", "나중에 시간 나면", "돈 많이 벌면"이라는 말로 미뤄지기 일쑤다. 실패하면 돌아올 곳이 없고, 모험은 곧 손실을 의미하기 때문이다. 이때 커리어는 '자기 삶을 실험해 보는 수단'이 아니라, '자기 존재를 방어하는 벽'이 된다. 이는 곧, 적극적, 발전적, 생산적, 창의적으로 살지 않는 삶에 대한 정당화가 되는 것이다.

자산국가는 이 구조에 정면으로 개입한다. 기본적인 생계가 자산 배당이나 기여 기반의 수익으로 안정적으로 보장되는 환경에서, 사람들은 마침내 다른 선택을 상상할 수 있게 된다. 자산국가는 단기 수입의 압박에서 벗어난 이들에게 장기적인 가능성과 의미 중심의 선택을 허용한다. '안정되었기 때문에 시도하는 사회'가 아니라, '시도하는 것 자체가 구조적으로 보호받는 사회'를 만들어낸다.

예를 들어, 지역 기반의 사회 기획 프로젝트에 참여하고 그 기여도에 따라 일정한 수익을 분배 받는 구조는 개인의 커리어를 단순한 '직장'을 넘어, '사회 설계에 참여하는 역할'로 재정의한다. 이는 특히 예술가, 연구자, 사회 혁신가, 창작자 등 전통적인 고용 구조 안에 쉽게 들어가지 못했던 이들에게 근본적인 전환점이 된다. '가치 중심 커리어'가 자기 만족을 넘어, 사회적 기여와 자산 분배의 기준이 될 수 있는 구조가 존재할 때, 사람들은 비로소 의미와 생계를 동시에 고려할 수 있게 된다.

이러한 가능성은 완벽하지는 않지만, 실험적인 정책 사례에서도 이미 확인되고 있다. 서울시는 '예술인 패스'를 통해 예술인의 복지, 활동 공간, 의료 서비스, 문화 혜택 등을 통합적으로 지원하고 있으며, 프랑스는 매년 약 1만 5천 명의 예술가에게 '창작 보조금(CREA)'을 제공해 시장 의존 없이도 창작 활동을 지속할 수 있도록 한다. 핀란드는 2017년부터 2년간 예술가에게 월 560유로의 기본 소득을 실험적으로 지급하면서, 창작의 자유는 물론 정신 건강과 사회적 관계 개선에도 긍정적인 영향을 주었다.

미국의 플랫폼 'Enspiral'은 정규직이라는 틀 없이, 공동체 구성원들이 서로의 프로젝트에 기여하고 그만큼 수익을 분배받는 모델을 운영한다. 이 커리어 공동체는 "어디에 고용될 것인가"가 아니라 "무엇에 기여할 것인가"라는 질문을 중심에 둔다. 이로써 사람들은 각자의 시간과 역량을 스스로 설계할 수 있는 권한을 확보하게 된다.

이처럼 자산국가는 커리어를 '살기 위한 수단'에서 '살고 싶은 삶의 실험장'으로 전환한다. 물론 모든 사람이 창업하거나 예술가가 될 필요는 없다. 하지만 누구든 그 길을 선택할 수 있는 가능성을 실질적으로 확보한 사회는 전혀 다른 리듬으로 작동한다. 불안과 압박이 덜어질 때, 사람은 마침내 자기 내면의 목소리에 귀 기울일 수 있다. 의미와 기여, 실험과 시도, 실패와 회복이 가능한 커리어 구조는 단지 일자리의 문제가 아니라, 인간이 자신을 어떤 존재로 정의할 수 있는가에 대한 사회적 상상력이다.

우리는 흔히, 하고 싶은 일을 하기 위해서는 많은 것을 포기해야 한다고 믿어왔다. 돈벌이에 대한 의무감, 사회적 체면, 가족과 주변의 시선은 사람을 끊임없이 현실에 묶어두는 보이지 않는 족쇄가 된다. 하지만 그 압박으로부터 내면적으로 해방되었을 때, 비로소 사람은 자신의 가능성을 인식하게 되고, "내 인생에서 나라는 존재를 어떻게 가장 가치 있게 쓸 수 있을까"라는 질문 앞에 선다.

이러한 자각은 누구에게나 주어지는 것이 아니다. 많은 사람은 그런 가능성조차 인식하지 못한 채 생을 마감한다. 어떤 이들은 다행히 그러한 경험을 하기도 하지만, 그조차도 오랜 시간과 육체적·정신적 에너지를 치른 뒤에야 가능하다. 철학자의 말이 이론으로는 그럴싸해 보여도 실제로 그 경지에 다다르는 것이 쉽지 않은 것과 같은 이치다.

의식과 사상의 변화는 결국 각자의 몫이다. 하지만 우리가 사는 사회, 국가, 제도는 그 변화를 가능하게 하는 구조를 설계해야 할 책임이 있다. 자산국가는 바로 그 구조다. '하고 싶은 일을 하기 위해 반드시 포기해야만 했던 것들'을 줄여주는 구조. 이는 커리어의 다양성을 넓히는 일이자, 한 사회가 사람에게 얼마나 풍부한 삶의 가능성을 열어줄 수 있는지를 보여주는 척도다.

가족 구조의 변화: 생계 공동체에서 감정 공동체로

오랫동안 한국 사회에서 가족은 생존의 기본 단위였다. 함께 살아야만 생활을 유지할 수 있었고, 결혼은 경제적 동맹이자 돌봄의 구조였다. 노동과 양육, 간병과 주거 – 삶의 거의 모든 요소가 '가족'이라는 이름 아래 묶여 있었고, 이 틀 안에 있어야만 안정적인 삶이 가능하다고 여겨졌다.

이러한 가족 구조는 분명 한 시대의 생존 전략이었다. 정규직 일자리가 충분하지 않고, 공공복지 시스템이 취약했던 시절, 가족은 사실상 유일한 안전망이었다. '아버지는 외부 노동을 담당하고, 어머니는 희생하고, 아들은 가장이 되고, 딸은 노부모를 보살피는' 전형적인 가족 역할 분담은 개인의 선택이기보다는 사회가 요구한 생존 방식에 가까웠다.

그러나 지금은 상황이 달라졌다. 개인화는 빠르게 진행되고, 1인

가구는 전체 가구의 절반 가까이로 증가했다. 비혼, 동거, 재구성 가족 등 다양한 형태의 삶이 이미 우리 주변에서 현실로 존재하고 있다. 그럼에도 불구하고 제도는 여전히 '전통적 가족'을 기준으로 작동한다. 주거, 돌봄, 복지, 세금, 상속, 보험 등 거의 모든 사회 제도는 여전히 '법적 혼인 + 혈연 중심'이라는 고정된 틀에 갇혀 있다. 그 결과, 새로운 형태의 공동체는 여전히 제도 밖에 머물거나, 비공식적 삶으로 취급 받고 있다.

자산국가는 이 오래된 틀을 다시 설계한다. 가족을 생존의 조건이 아니라, 자유롭게 선택 가능한 감정 공동체로 재정의한다. 기본적인 자산 배당이 개인 단위로 보장될 때, 사람들은 비로소 '생존하기 위해 누군가와 함께 살아야만 하는' 조건에서 벗어날 수 있다. 혼자 사는 삶도, 친구나 동료와 함께하는 공동체적 삶도, 전통적 가족과는 다른 새로운 형태의 돌봄 구조도 이제는 제도적 보호를 받을 수 있게 되는 것이다.

이러한 변화는 '가족'에 대한 정의를 확장하는 것 뿐만 아니라, 우리가 서로를 돌보고 연결되는 방식에 대한 상상력을 다시 여는 일이며, 감정적 연대와 실질적 돌봄의 구조를 제도 안에서 가능하게 만드는 작업이다. 사람들은 점점 더 다양한 방식으로 함께 살아가고 있으며, 자산국가는 이 다양성을 '존재하되 보호받지 못했던 것'에서 '실질적으로 선택 가능한 제도적 가능성'으로 전환한다.

실제로 북유럽 국가들은 이미 이 전환을 제도화하고 있다. 스웨덴과 핀란드는 1인 가구 비율이 전체 인구의 50%를 넘는다. 이들은 '핵가족 중심 복지'에서 벗어나 감정 기반 공동체를 중심으로 복지 제도를 재구성해 왔다. 예컨대 핀란드는 2021년부터 '사회적 가족 인정 법안'을 도입했다. 이 법은 혼인 여부나 혈연관계에 상관없이 일정 요건을 충족하는 감정 공동체를 법적으로 등록할 수 있도록 한다. '함께 살고, 함께 돌보고, 서로를 신뢰하며 관계를 맺고 있는 사람들'은 법적 가족 못지않은 권리를 부여받는다. 또한 '동거 가족(boendefamiljer)' 제도를 통해 비혈연 기반의 공동 거주와 돌봄을 지원하며, 돌봄 바우처나 주거 보조금 역시 단독 가구뿐 아니라 공동체 단위로도 제공된다.

한국에서도 이와 유사한 실험들이 지역 단위에서 비공식적으로 나타나고 있다. 서울 은평구의 '공동 육아 나눔터'는 부모들이 아이를 함께 돌보며 일상적인 양육 부담을 나누는 커뮤니티 공간이다. 이곳에 서는 생물학적 가족이 아닌 이웃이나 친구와의 연대를 통해 새로운 형 태의 돌봄 공동체가 가능함을 보여주고 있다. 단지 아이를 맡기는 공 간을 넘어, 함께 기르고 돌보는 관계 속에서 감정적 교류와 생활 기반 의 공동체 의식이 자연스럽게 형성된다.

고양시의 '시니어 동행 주택'은 65세 이상 독거 노인들이 함께 거 주하며 식사, 대화, 취미 활동을 공유하는 새로운 형태의 노년 공동체 모델이다. 이들은 혈연이나 법적 가족이 아님에도 일상의 상호 돌봄을 통해 정서적 고립을 완화하고, 노년의 삶을 보다 안정적으로 유지하고 있다.

이러한 사례는 일본에서도 찾아볼 수 있다. 고령화가 심화된 일 본에서는 생의 마지막까지 함께할 감정 공동체를 스스로 설계하려는 움직임이 나타나고 있다. 대표적인 사례가 바로 '무덤 친구(墓友, 하카 토모)' 개념이다. 이는 생전에 가까운 친구, 동료와 함께 공동 묘소를 준비하고, 죽음 이후까지 함께하겠다는 약속을 기반으로 한 관계다. 법적 가족이 아니고, 경제적 이해관계도 없지만, 남은 삶을 정서적으로 지탱해주는 동반자로서 '선택된 가족'의 한 형태를 보여준다. 일본 내에서는 무덤 친구를 위한 공동 묘지나 장례 서비스가 제도화되어 있으며, 이는 고립된 노년을 대비한 또 다른 방식의 공동체 실험이라 할 수 있다. 이러한 시도들은 제도 밖에서 시작되었지만, 오늘날 점점 더 많은 사람이 살아가는 삶의 형태를 반영한다.

문제는 이러한 삶들이 여전히 제도 안에서는 '예외'로 취급된다는 점이다. 공동 거주자 간에는 상속이 불가능하고, 건강보험 혜택도 나눌 수 없으며, 병원에서 보호자로 등록하는 것조차 어려운 경우가 많다. 법과 제도는 여전히 '혈연과 혼인'을 기준으로 관계를 인정하고, 그 외의 삶은 존재하되 보호받지 못하는 그림자로 남는다.

자산국가는 이 그림자를 제도 안으로 끌어들인다. 사회적 정의의 범위를 다시 그려, 다양한 삶의 방식이 공적 권리와 자원의 배분 속에 포함될 수 있도록 구조를 바꾼다. 공동체 거주, 감정 기반 가족, 돌봄 연대가 '비정상적인 대안'이 아닌 '충분히 합리적이고 존중받을 수 있는 선택지'가 되는 사회, 자산국가는 바로 그 기반을 만든다.

가족은 인간의 삶에서 매우 중요한 요소이다. 가족의 범위를 논하는 것은 꽤나 급진적으로 받아들여질 수 있다. 단편적으로 생각해 보면, 지금 우리가 마주하고 있는 저출산 문제에 대해서 의문을 제기할 수 있다. 전통적 가족 구조를 해체하거나 유연화하는 것이 출산율을 더 낮추는 것 아니냐는 우려다. 그러나 중요한 것은, 지금의 저출산은 오히려 기존 가족 구조와 생계 중심 결혼 시스템이 삶의 현실과 불일치하기 때문에 발생한다는 점이다. 사랑과 돌봄의 공동체를 '의무'로만 구성하고, 결혼과 출산을 생존 전략으로 강요했던 시스템이 무너진 자리에 새로운 대안이 부재한 상태가 지금의 위기를 만들어낸 것이다.

가족을 '살기 위해 해야 하는 것'에서 '하고 싶어서 선택하는 것'으로 전환하고, 돌봄과 관계, 공동체가 혈연 중심이 아닌 다양한 형태로 제도적 인정과 보호를 받을 때, 사람들은 삶의 구조 자체에 대한 신뢰를 다시 회복할 수 있다. 결국 아이를 낳고 기른다는 결정은 개인의 자율성과 감정, 공동체에 대한 신뢰 위에서만 지속 가능하다. 감정 공동체가 안정적으로 작동하는 사회는, 아이를 낳는 것이 두려움이 아닌 기쁨이 될 수 있는 구조다.

궁극적으로 가족은 함께 돌보고, 감정을 나누며, 삶의 리듬을 공유하는 관계의 집합이다. 그것이 반드시 법적 혼인이나 혈연이어야 할 이유는 없다. 오히려 지금은 가족보다 더 가족 같은 관계들이 삶의 가장자리에서 사람들을 지탱하고 있다. 자산국가는 "누구와 함께 살아갈 것인가"를 각자가 자유롭게 선택하고, 그 선택이 실질적으로 보호받을 수 있는 사회를 지향한다. '가족의 유연화'는 단지 관계의 변화가 아니라, 한 사회가 개인을 얼마나 신뢰하고, 다양한 삶의 형태를 얼마나 공정하게 받아들일 수 있는가를 가늠하는 바로미터다. 자산국가는 가족을 '고정된 조건'으로 간주하지 않고, 서로 돌보고 연결될 수 있는 수많은 방식 중 하나로 자리매김하게 한다.

　새로운 자산국가: 코리아 스탠다드

라이프 사이클의 재설계: 직선형 생애에서 순환형 생애로

사람들의 삶은 오랫동안 직선형 구조 위에 놓여 있었다. "어릴 때는 공부하고, 청년기에는 일하고, 노년에는 쉬어야 한다"는 일종의 생애 공식. 이 구조는 너무나 익숙해져 있지만, 그 실질적 경험은 점점 현실과 멀어지고 있다.

직선형 생애 구조는 명확하다. 학습은 앞에 몰려 있고, 노동은 중간에 집중되며, 휴식은 맨 끝에 소극적으로 배치된다. 그 사이에 틈은 없다. 한번 길에서 이탈하면, 돌아갈 방법이 없다. 쉬면 낙오가 되고, 늦게 시작하면 실패한 인생처럼 느껴진다. 삶은 계단이 아니라 레일처럼 여겨졌고, 사람들은 그 선로에서 벗어나는 것을 두려워하며 살아왔다.

하지만 이 구조는 이미 현실과 맞지 않다. 기술은 빠르게 변화하고, 일자리는 점점 더 유연해지며, 인간의 수명은 이전보다 훨씬 길어지고 있다. 평균수명 85세를 넘어서는 시대에 여전히 '20대에 공부하고, 60세에 은퇴하는' 구조는 매우 비현실적이다. 실제로 대다수의 직장 근로자는 50대 초반이면 자의든 타의든 퇴직하게 된다. 결국, 은퇴 후 무려 30년 이상의 시간이 존재하지만, 그것은 계획되지 않은 시간, 혹은 불확실한 빈칸으로 남아 있다.

보건복지부에 따르면, 50대 중후반 인구의 34%가 우울·불안 등의 이유로 경력 단절을 고민한 경험이 있으며, 60세 이후 재취업을 희망하는 사람은 전체의 71%에 달한다. 하지만 이들은 대부분 '늙었다'는 이유로 제도 바깥에 머무르고, 사회는 이들을 소모된 세대로 간주한다. 이처럼 '직선형 인생'은 단지 낡은 관습이 아니라, 사람을 불필요하게 만드는 구조, "멈추면 안 된다"는 불안을 내면화시키는 감정적 시스템이다.

자산국가는 생애 전체를 '일방향 흐름'이 아니라, 순환 가능한 경로로 다시 설계한다. 그 핵심은 다음과 같다. 삶의 중간에도 쉼과 재설계를 허용한다. 학습은 더 이상 어린 시절의 전유물이 아니며, 생애 주기 전체에 분산된다. 노동은 연속적인 경력 대신 기여와 참여를 중심으로 연결된다. 은퇴는 끝이 아닌 삶의 전환으로 이해된다.

실제로 이미 여러 나라에서 이와 유사한 실험이 진행되고 있다. 프랑스는 '전환 시간(compte temps de transition)' 제도를 통해, 5년 이상 근속한 직장인이 최대 1년간 유급으로 전환 시간을 신청할 수 있도록 지원한다. 이 시간은 돌봄, 교육, 창작, 봉사 활동 등 다양한 방식으로 활용 가능하며, 복귀 이후 경력에 불이익이 없도록 설계돼 있다. 이 제도는 "일에서 멈춰도 괜찮다"는 사회적 신호를 만들어낸다. 멈춤은 실패가 아니라, 다음 도약을 준비하는 정당한 과정으로 인정받는다.

일본은 40세 이상 성인을 위한 '커리어 전환 장학금'과 재취업 연수과정을 운영하고 있다. 중년 이후 삶을 다시 디자인할 수 있는 공적 권리로 인정하고, 학습 기회와 재진입 시스템을 통해 삶의 재조정을 돕는다. 여기서 핵심은 단순한 재교육이 아니라, 경로를 재설계할 수 있는 권한과 시간을 사회가 보장한다는 점이다.

자산국가는 이러한 순환형 생애 구조를 더욱 보편적인 제도로 통합한다. 기본 자산 배당과 기여 기반 수익, 다양한 참여 기회가 안정적으로 이어질 때, 사람들은 단 한 번의 경로가 아니라 여러 번의 생애 전환을 스스로 계획할 수 있게 된다. 그 과정에서 '휴식'은 더 이상 낙오가 아니라, 정당한 전환의 권리가 되고, '재학습'은 실패의 흔적이 아니라 진화의 증거가 된다.

이제 사람들은 삶의 어느 지점에서든 다시 배울 수 있고, 잠시 멈췄다가 되돌아올 수 있으며, 전혀 새로운 방향으로 자신을 전환할 수 있다. 학습과 노동, 쉼과 창작이 반복적으로 교차하는 순환형 생애 경로는 단절 없는 삶, 낙오 없는 사회를 실현하기 위한 실질적 기반이 된다. 이것은 모든 사람이 '끝까지 참여할 수 있는 사회', 그리고 "다시 시작할 수 있다"는 감정이 일생 전체를 따라 흐를 수 있는 사회에 대한 비전이다.

삶은 결승점을 향한 경주가 아니다. 삶은, 돌고 돌아도 괜찮은 여정이다. 자산국가는 그 여정의 모든 순간을 존중하고, 멈추어도, 돌아가도, 다시 걸어도 괜찮다는 신호를 보내는 사회다.

유연한 인생 경로: 실패해도 다시 시작할 수 있는 사회

우리는 흔히 실패를 '극복해야 할 고난' 쯤으로 여긴다. 하지만 한국 사회에서 실패는 그것보다 더 잔인한 단어이다. 이력서를 지우고, 평판을 훼손하며, 자존감을 무너뜨리는 낙인으로 작동한다. 실패의 경험은 그 순간으로 끝나지 않는다. 이후의 선택, 관계, 감정, 모든 부분에서 깊고 길게 영향을 남긴다.

중소벤처기업부의 2022년 조사에 따르면, 창업 경험이 있는 사람 중 70%가 두 번째 도전을 시도하지 못한다고 응답했다. 그 주된 이유는 '경제적 회복의 어려움'과 '실패에 대한 사회적 낙인'이었다. 실패는 단지 한 번의 선택이 아니라, 이후 모든 선택을 봉쇄하는 감정적 · 제도적 장벽으로 작용한다.

이처럼 한국 사회의 인생 경로는 회복할 수 있는 곡선이 아니라, 한 번 꺾이면 되돌릴 수 없는 직선으로 설계되어 있다. 실패는 곧 경로 이탈이며, 한 번 이탈하면 돌아올 수 없다는 인식이 사람들을 움츠러들게 만든다. 새로운 시도는 사라지고, 남는 것은 자기 검열과 위장된 안정뿐이다. 실패의 여파는 개인의 삶을 넘어, 사회 전체의 역동성과 회복력을 갉아먹는다.

자산국가는 이러한 실패에 대한 공포를 줄인다. 실패를 '인생에서 반드시 피해야 할 낙오'가 아니라, 삶의 순환 속 일부로 받아들이는 구조를 설계한다. 기본적인 자산 배당, 참여 기반의 수익 구조, 재진입 가능한 프로젝트 기반 시스템이 갖춰질 때, 실패는 회복 불가능한 붕괴가 아니라, '배움과 성장을 위한 감정적 여백'이 된다. 즉, 실패는 끝이 아닌 잠시 멈춰 서는 시점, 이후 경로를 재정비할 수 있는 하나의 합법적인 구간으로 자리 잡는다.

해외에서는 이미 이와 같은 시도가 제도적으로 현실화되고 있다. 핀란드와 덴마크에서는 창업 실패 후 재도전에 성공하는 비율이 41%에 이른다. 이는 단순한 문화 차이에서 비롯된 결과가 아니다. 이들 국가는 실패 이후 복귀를 지원하는 정책적 구조를 갖추고 있다. 예컨대 독일은 '재도전 보험 프로그램(Wiedereinstiegsförderung)'을 운영해, 창업 실패자에게 초기 자금, 소득 보조, 심리 상담, 멘토링 등을 종합적으로 지원한다. 실패의 경험 자체를 오히려 '현실에 기반한 학습 자산'

으로 인정하며, 그 실패가 다음 도전을 더 정교하게 만든다는 사회적 합의가 있다.

한국에서도 최근 '실패 박람회'와 같은 문화적 실험이 등장하고 있다. 실패 경험을 숨기거나 부끄러워하기보다, 공유하고 환원하며 공적 자산으로 전환하려는 시도다. 실패를 피해야 할 낙오가 아닌, 사회 전체가 학습할 수 있는 경험으로 전환하려는 작은 흐름이 생겨난 것이다.

자산국가는 이 흐름을 제도적 기반으로 구조화한다. 프로젝트 기반의 참여 시스템, 실패 이후 재진입 기회 보장, 실패 기간의 소득 공백을 메워주는 기여 보조 구조 등은 단지 경제적 복구를 위한 장치에 그치지 않는다. 실패 후 감정적 회복과 자기 회복의 권리를 함께 제공하는 장치다. 실패한 사람이 다시 사회 안으로 돌아올 수 있어야 한다. 실수나 낙오의 경험이 있다는 이유로 사회적 신뢰에서 영원히 제외되는 사회는, 그 누구에게도 안전하지 않다.

자산국가는 '다시 시작할 수 있다'는 감각을 회복하는 사회적 안전지대를 만든다. 자기 자신을 다시 인정받을 수 있는 기회를 제공하는 감정의 기반을 만드는 것이다. 우리는 성공한 사람만큼이나, 아니 어쩌면 그보다 더, 다시 일어난 사람을 필요로 한다. 그들은 단지 성취를 보여주는 존재가 아니라, 이 사회가 사람을 어떻게 대하고, 실패를 어떻게 품을 수 있는지를 보여주며, 사회 전체의 회복력과 지속 가능성을 보여주는 지표이기 때문이다. 성공의 이면에는 수없이 많은 시행착오가 반드시 존재하며, 이것이야말로 또 다른 성공을 위한 가장 중요한 자양분이라는 것은 모두 동의할 것이다.

기존의 인생 경로는 너무나 취약했다. 한 번의 실패로 무너질 수 있었고, 그 실패를 품을 사회적 여백이 없었다. 자산국가는 이 구조를 바꾼다. 누군가의 실패가 사회 전체의 배움이 되고, 다시 시작하는 과정이 제도적으로 뒷받침될 수 있는 사회. 그런 사회만이, 모든 사람에게 삶을 끝까지 살아볼 자격과 용기를 부여한다. 자산국가에서는 사회적인 실패에 대한 걱정을 확실하게 덜어준다. 이제 사람들은 보다 내면적인 삶에, 인간으로서 실패하지 않는 것 – 인간 본연의 가치 추구 – 에 더 집중할 수 있다.

우리가 지금까지 살펴본 커리어, 가족, 생애 주기, 실패에 대한 태도는 결코 개인의 성향이나 취향의 문제가 아니다. 이 모든 선택과 흐름은, 사회가 무엇을 허용하는가에 따라 결정된다. 자산국가는 그 가능성의 지도를 다시 그리는 작업이다.

누군가는 안정된 직장을 그만두고, 누군가는 생애 중간에 다시 학습을 시작하고, 누군가는 법적으로 인정되지 않는 공동체 안에서 돌봄을 나누며, 누군가는 실패 후 다시 한번 시작해볼 용기를 낸다. 이 모든 장면들은 삶이 하나의 틀로 고정되지 않고, 다양한 전환과 실험을 수용할 수 있을 때 비로소 가능해진다.

자산국가는 개인이 자신의 삶을 설계자로서 마주할 수 있도록 만든다. 한 사람의 경력, 관계, 시간, 감정, 실패마저도 구조 안에서 존중받는 사회. 이것이 바로 자산국가가 만들고자 하는 '유연하고 지속 가능한 인생 경로'의 풍경이다. 이렇게 삶의 방식이 바뀌려면, 그것을 실질적으로 가능하게 하는 자원과 제도적 기반이 함께 뒷받침되어야 한다.

이제 우리는 다음 장에서 질문을 던져야 한다. 그렇다면 이런 변화는 어떻게 재정적으로 지속 가능할 수 있을까? 사람들이 자유롭게 설계할 수 있는 삶의 기반은, 실질적으로 어떻게 제도화되어야 할까? 기여 기반 수익, 참여 보상 구조, 감정적 리듬을 고려한 복지 시스템은 어떤 식으로 구현될 수 있을까? 다음 장에서는 자산국가가 어떻게 이처럼 변화된 삶의 구조를 실현 가능한 정책과 재정 시스템으로 뒷받침하는지, 그 구체적인 설계 도면을 함께 살펴본다.

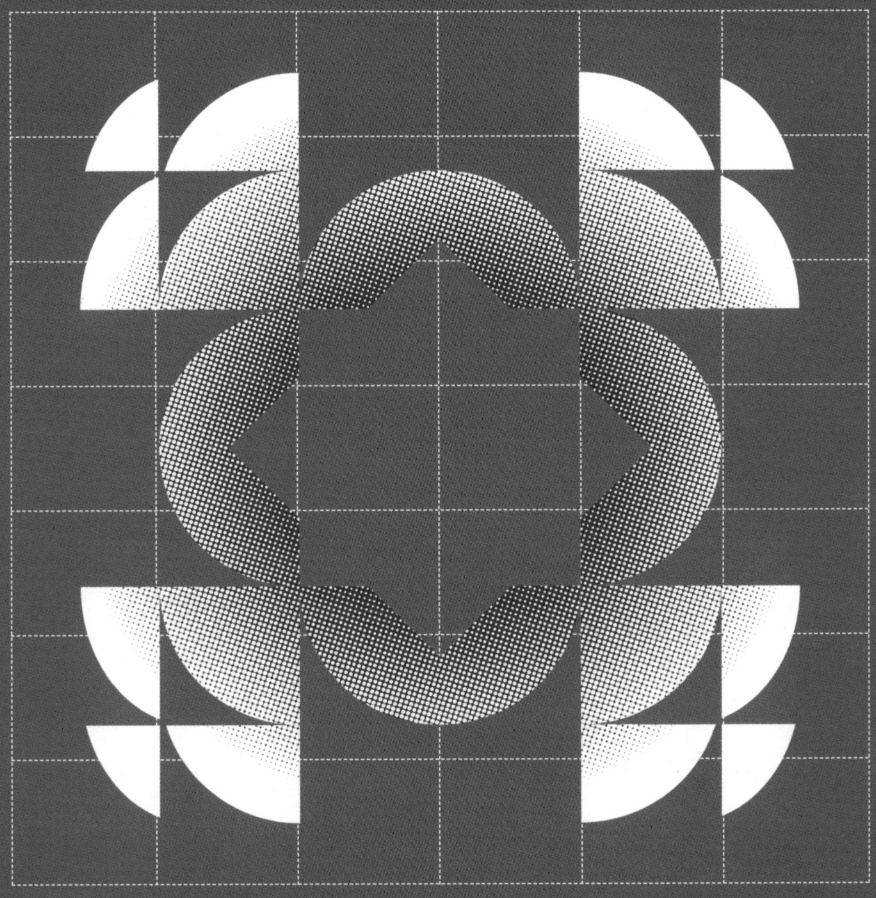

Chapter 8

자산국가의 실행 조건: 제도, 기술, 재정의 재설계

자산국가는 추상적인 이념이 아니다. 구체적인 구조의 문제이며, 사회를 새롭게 설계하려는 실천적 과제이자, 구현 가능한 기술의 집합이다. 이 장에 이르러 우리는 비로소 자산국가를 하나의 '작동 가능한 시스템'으로 말하고자 한다.

앞선 장들에서는 자산국가가 인간의 감정 구조와 커리어의 방향, 가족의 형태와 삶의 흐름까지 재편하는 새로운 사회 모델임을 살펴보았다. 그러나 아무리 울림 있는 철학도, 아무리 공감 가는 메시지도, 현실에서 구현되지 않으면 이상에 머물 뿐이다. 모두가 옳다고 느끼지만 아무도 실현하지 않는 구상은 결국 지속될 수 없다. 이제 우리는 상상의 영역을 넘어, 구체적 작동의 영역으로 들어서야 할 때다.

자산국가가 실질적인 사회 모델로 자리 잡기 위해서는 세 가지 핵심 기반이 마련되어야 한다. 첫째는 제도다. 제도는 사회가 어떻게 운영되는지를 결정하는 기본 엔진이며, 권한의 흐름과 의사결정의 방식을 정의한다. 자산국가는 단순히 '나눔'을 말하는 복지 모델이 아니라, 삶의 설계 과정에 시민들이 주체적으로 참여하는 구조 자체다. 따라서 기존의 중앙집중적 권력 구조를 넘어, 참여가 곧 권력이 되는 새로운 제도적 체계가 필요하다.

둘째는 기술이다. 기술은 효율성을 높이는 수단에 그치지 않는다. 이제 기술은 신뢰를 설계하고, 참여의 가능성을 열어주는 인프라다. 자산국가처럼 수많은 사람의 기여, 데이터, 투표, 보상이 연결된 사회에서는 복잡한 과정을 투명하게 정리하고, 누구나 접근할 수 있도록 만드는 기술적 기반이 반드시 필요하다.

셋째는 재정이다. 자산국가는 '기존 자원을 어떻게 나눌 것인가'를 고민하는 복지국가와는 다르다. 그보다는 '새로운 자산을 어떻게 창출하고, 그 소유와 수익 구조를 어떻게 사회화할 것인가'를 묻는다. 이때 필요한 재정은 세금만이 아니라, 자산을 기획하고 조성하며, 그것을 순환 가능한 공동 수익으로 전환하는 설계의 언어여야 한다.

이 세 가지 축은 따로 작동하지 않는다. 제도는 기술 위에 설계되어야 하며, 기술은 신뢰를 가능케 해야 하고, 신뢰는 투명한 재정 운영과 분배 구조를 통해 완성된다. 어느 하나만 바뀌어서는 충분하지 않다. 변화는 유기적이어야 하며, 각 요소는 서로를 전제로 하며 함께 재설계되어야 한다.

이 장은 바로 그 유기적 전환을 위한 설계도를 제시한다. 우리가 지금 시도하는 것은 단지 더 나은 사회를 그려보는 것이 아니다. 그것을 진짜 현실로 바꾸기 위한 구체적인 구조와 메커니즘을 하나씩 세우는 일이다. 여기서는 권한의 재배치를 통해 참여의 구조를 새롭게 정의하는 제도, 기여를 기록하고 신뢰를 가능하게 하는 기술 인프라, 그리고 자산을 조성하고 배분할 수 있는 재정 구조의 설계를 중심으로 자산국가를 실현할 수 있는 조건들을 차례로 살펴본다.

감정적 연대에서 출발한 자산국가는 기술적 설계를 통해 비로소 실현된다. 공정한 시스템은 저절로 움직이지 않는다. 누군가가 그것을 설계하고, 끊임없이 점검하고, 지속 가능하게 만드는 일. 지금부터 우리가 해야 할 일은, 자산국가를 이상에서 구조로, 그리고 구조에서 현실로 옮기기 위한 첫걸음을 구체화하는 것이다.

제도의 전환: 권한의 재배분과 참여 설계

자산국가가 지향하는 핵심을 자원의 분배로만 이해해서는 안 된다. 핵심은 삶을 설계하는 주도권을 시민에게 되돌리는 구조를 재구성하는 것이다. 사람들은 수동적으로 혜택을 기다리는 존재가 아니라, 공공 자산과 제도를 함께 설계하고 운영하는 공동의 주체가 되어야 한다. 자산국가는 그러한 주체성을 전제로 작동하는 시스템이다. 이는 기존 민주주의가 놓쳤거나 충분히 확장하지 못했던 지점을 새롭게 조명하는 작업이기도 하다.

지금까지의 시민 참여는 대부분 '선거'나 '민원 제기'의 형태에 머물렀다. 발언의 기회는 제한적이었고, 그것이 실제 정책 설계나 실행으로 이어지는 구조는 거의 없었다. 제도 설계는 여전히 전문가와 관료 중심의 폐쇄된 장에서 이루어졌고, 시민은 '의견을 내는 사람'일 수는 있어도, 제도의 방향을 설계하는 사람은 아니었다. 자산국가는 이 고정된 권한의 흐름을 다시 그린다. 중심에서 가장자리로, 행정에서 공동체로, 통치에서 협력으로. 결정 권한의 분산을 넘어 제도 설계의 주체 자체를 새롭게 정의하는 시도다.

이러한 전환을 실현하기 위해 필요한 제도적 장치는 다음과 같다.

개인 기여 계좌(Personal Contribution Ledger)는 모든 시민이 자신의 사회적 기여를 기록하고, 그 이력을 바탕으로 수익 분배와 정책 참여 권한까지 얻는 디지털 기반의 권한 계좌다. 대만의 'Join 플랫폼'은 시민 제안과 투표 이력을 누적 기록하고 있으며, 일부 지방 정부는 시민의 활동 실적에 따라 소규모 예산 집행 권한을 위임하는 실험을 진행 중이다. 한국형 기여 계좌는 지역 활동, 공공 아이디어 제안, 공공 데이터 제공 등 다양한 형태의 기여를 정교하게 기록하며, 그에 따른 보상과 영향력을 연동한다. 이는 "참여가 권력이다"라는 감각을 추상적 메시지가 아니라 일상적 경험으로 체감하게 하는 장치다.

지역 자산 플랫폼(Community Asset Platform)은 지역 단위에서 '제안 → 토론 → 투표 → 실행 → 배당'으로 이어지는 순환형 플랫폼이다. 주민참여예산제를 확장한 형태로, 시민이 실질적 자산의 흐름에 개입할 수 있도록 설계된다. 단순한 의견 제시가 아니라, 자산 창출과 배분 과정에 참여하며 자신의 지역을 실질적으로 설계하는 구조다. 특히 지방 정부가 정책의 주체가 아니라 플랫폼의 운영자로 위치를 전환할 때, 시민이 주도하고 행정이 조율하는 협치 모델이 가능해진다.

기여 기반 예산 편성(Contribution-Based Budget Allocation)은

국가 예산의 일정 비율을 기여도와 제안 중심으로 편성하는 방식이다. 지금까지의 예산 구조는 정무적 판단이나 관료제의 우선순위에 의해 좌우되어 왔다. 그러나 자산국가는 시민의 기여 데이터를 정책 결정 과정에 연결한다. 제안의 수, 공감 지수, 실행 이력 등을 가중치로 삼아 예산을 배분하는 새로운 모델을 만들 수 있다. 이는 단지 예산을 나누는 방식의 혁신을 넘어, 시민들이 '함께 설계하는 감각'을 학습하는 사회적 교육장이 될 수 있다.

이러한 것들이 '의견 수렴'의 차원을 넘어서는 장치가 된다. 시민이 실제로 결과에 영향을 미치는 제도적 구조 속에서 설계자로 참여할 수 있어야 비로소 제도가 근본적으로 작동할 수 있다. 이는 기존의 민주주의를 확장하는 것이 아니라, 민주주의의 작동 원리를 새롭게 구성하는 전환이다.

서울시의 사례를 보자. 시민참여예산제를 통해 매년 약 700억 원의 예산이 시민 제안과 투표에 따라 편성되고 있다. 다음 해의 예산 책정 때문에 일부러 불필요한 곳에 예산을 낭비하는 경우가 많은데, 이러한 제도를 통하여 불필요한 곳에 예산이 낭비되는 것을 막고, 실수요가 있는 곳에 도움을 주는 효과를 보이고 있다. 2023년에는 13만 명이 넘는 시민이 참여했으며, 한 고등학생이 제안한 '학교 통학로 안전 개선 사업'은 예산에 반영되어 실행되었다. 별 것 아닌 것 같아 보이는 작은 일로 치부할 수도 있겠지만, 자산국가는 이러한 사례를 예외적인 성취로 남기지 않는다. 참여 → 실행 → 피드백 → 보상이 반복되는 순환 시스템을 만들고, 그 안에서 시민은 점차 스스로 삶의 공간을 조정하고 관리하는 감각을 체득하게 된다. 이 과정에서 사람들은 더 이상

　　　　　　　　　　새로운 자산국가: 코리아 스탠다드

불만을 제기하는 수동적 존재가 아닌 현실을 구성하는 능동적 존재로 자리매김하게 된다. 권한이 특정 계층의 전유물이 아니라, 기여와 연결되어 사회 전반에 퍼지는 구조. 자산국가가 실현하고자 하는 제도적 전환은 바로 여기에 있다.

민주주의는 단지 투표만으로 이루어지는 것이 아니다. 민주주의는 시민 스스로 설계할 때 비로소 완성될 수 있다.

기술 인프라: 참여와 신뢰를 위한 데이터 설계

자산국가는 기여와 참여, 설계와 분배가 일상의 일부가 되는 사회를 지향한다. 이러한 구조가 현실에서 작동하려면 수많은 연결을 매끄럽게 조율할 수 있는 디지털 인프라가 필요하며, 동시에 시민의 신뢰를 지속적으로 구축할 수 있는 기술적 설계가 뒷받침되어야 한다. 자산국가의 맥락에서 기술은 효율성을 위한 도구에 머무는 것이 아니라, 민주주의를 구현하는 작동 원리이며, 불확실한 감정을 안정시키고 사회적 연대를 가능케 하는 작동 기제다.

정보는 어떻게 전달되어야 하는가. 기여는 어떤 방식으로 기록되고, 어떤 기준으로 평가되는가. 참여는 어떤 흐름을 타고 축적되며, 어떤 방식으로 영향력을 갖게 되는가. 그리고 이 모든 절차가 얼마나 공정하고 투명하게, 또 인간적인 경험으로 느껴지도록 설계되는가. 이 일련의 질문들은 모두 기술의 뒷받침이 필요한 문제들이며, 더 정확히는 기술 설계가 사회적 신뢰를 어떻게 창출하는가에 대한 과제다.

오늘날의 디지털 시스템은 단순한 기능 제공을 넘어서 사용자에게 감정적인 확신까지 심어준다. 블록체인 기술은 구조적으로 위조를 방지하며 신뢰를 내재화하지만, 아직 그것만으로는 충분하지 않다. 사람들이 시스템에 반복적으로 참여하려면 자신의 참여가 어떻게 연결되고, 어떤 방식으로 반영되며, 그 흐름이 얼마나 투명한지를 실감할 수 있어야 한다. 기여의 흔적이 보이지 않거나, 결과가 어디에도 반영되지 않는 구조에서는 기술에 대한 신뢰가 자라지 않는다. 기술이 신뢰를 구성하지 못한다면 그 위에 설계된 민주주의도 작동하지 않는다.

자산국가에서 기술은 다음 세 가지 핵심 역할을 맡는다.

기여 기록 시스템은 각 개인의 활동, 기여도, 제안 참여 이력을 정확하고 공정하게 기록하는 시스템이다. 단순한 '로그 데이터'가 아니라, 개인의 공공 기여가 사회적으로 인정되고, 그에 따라 보상과 권한이 연결되는 구조가 되어야 한다. 예를 들어, 에스토니아는 국민의 건강 정보, 교육 이력, 행정 서비스 이용 내역을 블록체인 기반 데이터 시스템으로 관리한다. 자산국가는 여기에 기여 이력, 공동체 활동, 정책 참여 결과 등을 추가해, '신뢰할 수 있는 민주적 데이터 계좌'를 만드는 것이 목표다.

디지털 거버넌스 플랫폼은 지역 자산과 공동 프로젝트의 제안, 토론, 투표, 실행을 온라인에서 투명하게 운영할 수 있는 구조다. 단순히 행정이 온라인화되는 것이 아니라, 시민이 정책을 설계하고, 직접 실행 과정에 피드백을 줄 수 있는 구조가 되어야 한다. 스위스 로잔시는 모바일 앱 기반으로 지역 공공 예산 제안과 실시간 토론, 투표가 가능한 디지털 참여 플랫폼을 운영하고 있다. 이 시스템은 블록체인 기술로 투명성과 위·변조 방지를 확보하며, 시민들이 '내가 참여한 안건이 어떻게 실행되는가'를 추적할 수 있는 기능을 제공한다. 이는 참여와 설계 사이의 감정적 연결을 만들어낸다.

데이터 주권 체계는 개인의 데이터가 공공의 자산으로 전환되거나, 수익 배당의 근거가 될 경우 그 데이터의 소유권과 수익권이 개인에게 귀속되도록 설계해야 한다. 단순한 '동의서 기반 이용'이 아니라, 데이터 생성자가 해당 자산 흐름의 일부로 인정받는 구조여야 한다. 유럽연합의 GDPR(General Data Protection Regulation, 일반개인정보보호법)은 2018년부터 시행된 세계적으로 가장 강력한 개인 정보 보호 법안 중 하나다. 이 법은 단순한 정보 보호를 넘어서, 개인이 자신의 데이터에 대해 실질적인 권리를 행사할 수 있는 구조를 만들었다는 점에서 의미가 깊다. 특히 GDPR 제20조에 명시된 데이터 이동권(Data Portability) 조항은 개인이 자신의 데이터를 하나의 서비스 제공자로부터 다른 제공자로 이동하거나 전송받을 권리를 보장한다. 이는 데이터의 소유자가 '동의'만 하는 존재가 아니라, 그 정보의 주체이자 관리권자임을 제도적으로 인정한 것이다. 예를 들어, 사용자가 건강 앱에 기록된 자신의 운동, 수면, 생체 정보 데이터를 요청하면, 기업은 이를 구조화된 형태로 제공해야 하며, 사용자는 그 데이터를 다른 건강 서비스 플랫폼으로 이전하거나, 자신만의 용도로 활용할 수 있다. 이것은 접근권을 넘어, 데이터가 경제적 자산으로 기능할 수 있는 첫걸음을 제도화한 사례다.

자산국가는 이러한 흐름을 더욱 확장해, 개인이 생성한 데이터가 공공적 가치로 전환되거나 수익을 창출할 경우, 그 이익이 데이터 생성자에게도 귀속되도록 설계한다. 단순히 동의하고 넘기는 데이터가 아니라, 사회적 자산이자 배당 가능한 재정 기반으로 재정의되는 것이다.

기술은 모든 시민을 위한 구조여야 한다. 아무리 정교한 기술도 접근성이 불균형하다면, 자산국가는 일부 계층의 전유물로 전락할 수밖에 없다. 디지털 소외 계층 - 고령자, 장애인, 저소득층 - 을 위한 별도의 설계는 선택이 아니라 필수다. 인터페이스의 직관화, 오프라인 병행 참여, 지역 커뮤니티 기반의 디지털 중재자 시스템 등 기술 민주주의를 위한 보완 장치가 함께 마련되어야 한다. 예를 들어, 서울시의 '엠보팅' 플랫폼은 스마트폰을 통해 공공 투표에 참여할 수 있도록 했고, 부산시는 지역 주민이 자신의 언어로 지역 데이터를 수집하고 플랫폼에 반영할 수 있도록 하는 '커뮤니티맵' 실험을 진행하고 있다. 이러한 구조는 기술이 중앙의 효율화 도구가 아니라, 주민 주도 설계의 기반이 될 수 있다는 가능성을 보여준다.

기술은 자산국가의 '실행 엔진'이다. 기술은 도구의 개념을 넘어서서, 사회 신뢰와 민주주의 감각을 데이터로 표현하는 언어가 된다. 우리는 지금 '정책 참여'나 '기여' 같은 추상적인 개념을 기록하고, 축적하고, 배당 가능한 구조로 만들기 위해 기술을 사용하는 것이다. 그리고 이제 사람들은, "내가 참여한 경험이 어디로 흘러가는가"를 알고 싶어 한다. 그 흐름을 투명하게 보여주고, 보상과 설계 권한으로 되돌려주는 기술 구조. 그것이 자산국가의 디지털 인프라다. 결국, 기술은 시민이 국가와 사회에 감정적으로 연결되어 있다고 느끼게 하는 가장 구체적인 언어이며, 자산국가는 그 언어를 설계하는 사회다.

재정 설계: 자산을 만드는 구조와 분배의 혁신

자산국가에 제기할 수 있는 가장 본질적인 물음 중 하나는 바로 이 질문이다. "국민에게 배당할 자산은 어디서 오는가?" 이는 사회가 가치를 어떻게 만들고, 누구에게 그 소유권을 부여할 것인가라는 근본적인 구조의 문제다. 전통적인 복지국가는 이 질문에 '세금'으로 답했다. 이미 존재하는 소득과 부에서 일정 부분을 회수하고, 그것을 취약 계층에게 재분배하는 방식이다. 하지만 이 방식은 성장률이 둔화되는 사회, 자산 격차가 극단적으로 벌어진 사회에서는 점점 한계에 부딪히고 있다. 있는 것을 나누는 접근 방식은 결국 갈등과 분열이라는 결과물을 맞이할 수밖에 없다.

자산국가는 이 논리를 뒤집는다. "있는 것을 나누는 것이 아니라, 새로운 자산을 함께 만들고 그 소유권을 공유하자"는 제안이다. 즉, 분배의 혁신이 아니라 생산 방식과 소유 구조 자체의 전환이다. 이러한 전환은 세 가지 방향에서 실현될 수 있다.

공공 자산 배당 모델은 이미 존재하는 공공 가치를 사회화하는 것이다. 우리는 이미 막대한 공공 자산 속에 살고 있다. 천연자원, 토지, 전파, 주파수, 공공 데이터, 디지털 플랫폼 인프라, 심지어 국민이 축적해 온 신뢰 그 자체까지 — 이 모든 것은 사회적 생산물이며, 개인 기업이 아닌 국민 전체의 공동 자산이다. 자산국가는 이 공공 자산에서 발생하는 수익을 국민의 디지털 계좌로 직접 분배하는 구조를 설계한다.

대표적인 사례로는 알래스카의 영구 기금(Permanent Fund)이 있다. 알래스카주는 자국의 석유 자원에서 발생한 수익의 일부를 별도의 기금에 적립하고, 이를 통해 매년 주민 전체에게 1,000~2,000달러 수준의 현금을 배당한다. 이 제도는 단순한 소득 지원을 넘어, 국가 자산에 대한 시민의 소유권과 배당권을 제도화한 구조라는 점에서 의미가 깊다. 노르웨이는 국부 펀드(Government Pension Fund Global)를 통해 석유 수익을 전 세계 금융시장에 분산 투자하고, 그 수익으로 국민 연금과 복지 재정을 장기적으로 뒷받침하고 있다. 자원의 일시적 수익을 지속 가능한 사회 자산으로 전환한 대표적인 모델이다. 싱가포르 역시 GIC(Global Investment Corporation)를 통해 토지 판매 수익과 외환 보유액 등을 바탕으로 국부 펀드를 운영하고 있으며, 이 수익은 국민 경제의 안정성과 세대 간 자산 이전을 위한 기반으로 활용되고 있다. 단기 예산 집행이 아니라, 국민 전체의 미래를 위해 자산을 설계하고 운용하는 방식이다. 이러한 모델은 한국에도 적용 가능하다. 이를 이해하기 위한 가장 직관적인 사례로 풍력발전을 떠올려볼 수 있다. 대관령이나 제주처럼 바람이 강한 지역에는 이미 풍력발전 설비가 널리 구축되어 있다. 바람은 그 자체로 무한한 천연자원이자 공공 에너지원이다. 흥미로운 점은, 현장을 관찰해 보면 강한 바람이 불고 있음에도 일부 풍력발전기가 멈춰 서 있는 모습을 종종 볼 수 있다는 사실이다. 이는 설비 고장이 아니라, 발전된 전력이 이미 저장 한계에 도달했기 때문이다. 다시 말해, 활용되지 못한 채 방치되는 잉여 에너지가 존재한다는 의미다. 만약 이처럼 유휴 상태로 방치되는 공공 자원을 온전히 활용해 잉여 에너지를 생산하고, 이를 사회적 가치로 전환할 수 있다면 상황은 달라질 수 있다. 남는 전력과 그로부터 발생하는 수익은 특정 주체의 이익으로 귀속되는 대신, 국민 모두에게 돌아갈 수 있는 공공 재원이 될 수 있다. 공공 토지, 전파 사용료, 공공 기관의 유휴 부동산, 공적 플랫폼 인프라 등은 모두 기존에 정부가 독점하거나 민간에 넘겨주던 가치들이다. 이것들을 국민 계좌로 귀속하는 구조로 재설계할 수 있다는 뜻이다.

공유 자산 펀드는 민간 프로젝트에 시민이 공동 투자자로 참여하는 새로운 자산 생산 모델이다. 민간 프로젝트와 시민이 함께 참여하는 새로운 자산 생산 모델도 가능하다. 이를 '공유 자산 펀드(Shared Asset Fund)'라고 부를 수 있다. 즉, 시민이 에너지, 주거, 교통, 커뮤니티 개발 등 대규모 프로젝트에 직접 참여 투자하고, 그 수익의 일부를 배당받는 구조다.

공유 자산 펀드의 대표적인 사례 중 하나는 독일의 에너지 협동조합(Genossenschaft) 모델이다. 이 구조에서는 시민이 태양광, 풍력 등 신재생에너지 발전소에 직접 투자자이자 공동 소유자로 참여한다. 시민이 협동조합의 조합원으로 가입해 지분을 매입함으로써 프로젝트에 참여한다. 예를 들어, 한 가구가 500유로에서 5,000유로 정도의 금액을 출자하면, 해당 태양광 또는 풍력 발전소의 일부 지분을 갖게 되며, 그에 따라 전기 판매 수익의 일정 비율을 배당 받는다. 또한 조합원은 운영에 관한 의사결정에도 참여할 수 있다. 연간 총회에서 조합의 재무 보고를 검토하고, 발전소 증설이나 에너지 판매 가격 설정과 같은 핵심 안건에 대해 투표권을 행사한다. 일부 지역에서는 조합원이 생산한 에너지를 자가 소비할 수 있도록 허용하거나, 전기 요금을 조합 전용 할인 요율로 제공하기도 한다. 이로써 시민은 단순한 투자자나 소비자가 아닌, 에너지 시스템의 공동 설계자이자 이해당사자로 활동할 수 있다.

또 다른 사례로 덴마크의 '미들그루펜(Middelgruppen)' 프로젝트가 있다. 이 모델은 시민이 자신이 사는 지역의 도시 재생이나 인프라 개발 계획에 초기 투자자이자 기획자로 참여하는 구조다. 시민이 소액부터 일정 금액까지 직접 투자하거나, 지역 커뮤니티가 모여 공공 민간 매칭 펀드를 구성하기도 한다. 이후에는 운영 과정에서 주민이 감시와 평가를 맡거나, 특정 구간의 유지관리 업무를 지역 내 사회적 기업과 연계하는 방식으로 실질적 운영 권한을 확보한다. 프로젝트가 성공적으로 진행되어 해당 지역의 부동산 가치나 상권 가치가 상승할 경우, 그 잉여 수익은 기여 비율에 따라 재분배된다. 이때 시민은 수익의 일부를 현금 또는 지역 화폐로 받기도 하고, 지역 공동체 기금에 귀속되도록 지정할 수도 있다. 기반 시설을 조성하는 데 있어 초기 투자와 운영 감시 과정에 시민이 직접 참여함으로써, 도시의 발전이 특정 개발 이익으로 귀결되는 것이 아니라, 공동체의 장기적 자산으로 환원되도록 설계된 구조다.

한국 사회 역시 이러한 모델을 확장할 수 있는 잠재력이 충분하다. 지역 개발 사업이나 복합 문화 공간 조성, 커뮤니티 기반 주거 모델 같은 프로젝트에 시민이 소액 투자자이자 기획 참여자로서 개입하고, 해당 프로젝트에서 발생하는 수익 일부를 현금 혹은 지역 마일리지 형태로 배당 받는 방식이 가능하다. 단순히 수익을 얻는 것을 넘어서, 시민이 직접 자신이 살고 있는 공간의 가치 상승에 기여하고, 그 공간의 소유권 일부를 보유하며, 그로부터 돌아오는 배당을 통해 공동체 구성

　　　　　새로운 자산국가 : 코리아 스탠다드

원으로서의 실질적 권한을 획득하는 구조다. 이는 자산국가가 제안하는 삶의 전환 — '내가 사는 곳이 곧 내가 소유한 자산이 되는 사회' — 의 구체적인 실현 방식 중 하나다.

디지털 자산 기반 수익화는 참여가 자산을 만드는 구조다. 21세기의 가장 중요한 자산은 데이터다. 우리는 매일 도시를 걷고, 소비하고, 검색하고, 공공 서비스를 이용하면서 수많은 디지털 흔적을 남긴다. 이 모든 것은 기업에게는 '비즈니스 자산'이지만, 국가와 시민에게는 공공적 가치 창출의 자원이다.

오늘날 우리가 살아가는 일상은 수많은 디지털 흔적으로 구성되어 있다. 출퇴근길의 교통 패턴, 공공시설의 이용 빈도, 소비 습관, 생활 불편 신고, 지역 내 소규모 상점 정보까지 — 이 모든 데이터는 단지 개인의 기록이 아니라, 공공과 기업이 의사결정을 내리는 중요한 자산으로 작동한다. 자산국가는 바로 이 데이터를 시민이 스스로 만들어내는 자산으로 인식하며, 그 생산과 활용 구조를 기반으로 새로운 순환형 수익 모델을 설계한다.

예컨대, 지역 플랫폼에서 시민이 꾸준히 교통 정보, 환경 변화, 생활 패턴, 의견 제안 등을 제공한다면, 그 데이터는 단순한 통계가 아니라, 플랫폼의 실질적인 작동 기반이자 정책 기획의 핵심 자원이 된다. 그 데이터를 바탕으로 민관 협력 사업이 추진되고, 광고 수익이 발생하거나, 연구 및 정책 컨설팅 수익이 발생할 경우, 그 수익의 일정 부분은 해당 데이터의 기여자인 시민에게 되돌아올 수 있다.

이런 구조는 아직 낯설지만 한국에서도 이미 그 초기형 실험들이 진행 중이다. 공공 마일리지 제도는 에너지 절약 행동에 따라 포인트를 적립해 실질적인 금전적 혹은 서비스적 보상을 제공하고, 민간의 '걷기 앱'은 일상 속 활동 데이터를 수집해 포인트를 지급하거나 기업 캠페인과 연동해 리워드를 제공하고 있다. 건강 데이터를 기반으로 한 앱들 역시 사용자의 생체 정보, 수면 패턴, 운동 기록을 기반으로 보험 할인이나 서비스 크레딧 등의 보상을 제공하고 있다.

이러한 시스템은 '리워드'에 그치지 않으며, 그 핵심은 시민이 자신의 일상에서 생성되는 정보가 누군가에게 가치 있는 자산이 된다는 사실을 인식하는 순간, 그 사회적 정체성 자체가 달라진다는 데 있다. 시민은 더 이상 단순한 '세금 납부자'나 '수혜 대상'이 아니다. 그들은 공공 가치를 실시간으로 만들어내는 생산자이자, 그 자산을 공동으로 소유하는 사회적 주체다. 이 구조 안에서 시민은 보호받기 위해 제도에 의존하는 존재가 아니라, 가치를 함께 설계하고, 자산 흐름에 개입하며, 그에 따른 책임과 권리를 나누는 공동 설계자로 자리매김하게 된다. 자산국가의 디지털 수익 모델은 단순히 데이터의 수집과 활용을 넘어서, 그 데이터의 의미와 소유 구조를 재정의하는 시도다.

당신의 정보는 당신의 자산이다. 단편적인 예로 개인 정보에 대해 조금만 더 생각해 보자. 길을 가다가 공짜로 사은품을 주는 이벤트에 약간의 개인 정보를 작성하고 참여한다. 수없이 뜨는 모바일 앱의 광고 이벤트에 연락처를 입력한다. 업체들이 본인들의 사업을 영위해서 버는 것보다, 사람들의 개인 정보를 팔아서 얻는 수익이 더 클 수도 있다는 사실을 알고 있는가? 보험료를 비교하기 위해 입력한 개인 정보가 보험사들의 영업 리스트를 채워 주고, 다른 금융사들, 더 나아가 불법적인 주식 리딩방이나 보이스 피싱 조직들에까지 거래될 수 있다는 사실을 믿기 어려운가? 대형 포털사이트나 통신사에서 개인 정보가 해킹되었다고 할 때, 우리는 그들의 일방적인 사과문을 받고, 그들이 제시하는 후속 조치를 따를 뿐이다. 이러한 피해를 정당한 금액으로 보상받는 것이 맞다고 생각해 보았는가? 그렇다면 그 금액은 얼마일지 계산해 본 적이 있는가? 이러한 일들로 인해, 우리들의 정보를 이용해서 얻거나, 잃는 가치가 얼마나 막대할까? 단순한 개인 정보의 사례 몇 가지만 돌아보아도 우리가 얼마나 자기 자산의 가치를 모르는지 깨달을 수 있다.

우리는 아직도 '정보는 공짜'라는 인식에서 벗어나지 못하고 있다. 하지만 현실은 다르다. 정보는 자산이며, 그것이 거래되고, 축적되고, 활용되는 과정에서 막대한 경제적 가치를 만들어낸다. 그 가치는 누구에게 귀속되고 있는가? 당신의 정보가 당신의 자산으로 작동할 수 있는 사회가 바로 자산국가이다.

자산국가의 재정 설계는 결국 이 질문으로 수렴된다. "가치는 어디서 생기며, 그 가치를 누가 소유할 것인가?" 앞서 말한 세 가지 방향을 통해, 기존에 있던 자산을 회수해 나누는 것이 아니라, 함께 만들어낸 자산을 함께 소유하고, 함께 배당 받는 방식으로 재정 구조를 바꿀 수 있다. 자산국가의 재정 모델은 더 이상 '정부가 주는 것'이 아니라, 시민이 함께 만드는 사회적 수익 시스템이다. 그리고 그 구조 속에서, 우리는 '소비자'에서 '공유자'로, '납세자'에서 '설계자'로 이동한다.

우리는 지금까지 이 장에서, 그 사회를 실제로 작동 가능하게 만드는 제도와 기술, 재정의 기반을 살펴보았다. 이 기반 위에서는 참여가 기록되고, 기여가 수익으로 순환되며, 시민이 단지 제도 안에서 살아가는 존재가 아니라, 제도를 설계하는 존재로 변화할 수 있다는 사실을 확인했다. 그러나 그 모든 구조가 아무리 정교하더라도, 그것을 실질적으로 실행하고 운영하는 주체가 없다면, 자산국가는 단지 기술적 가능성에 머물고 말 것이다. 시민의 계좌를 열고, 지역 플랫폼을 만들고, 기여 기반 예산을 설계하는 일을 과연 누가 할 것인가?

정책을 설계하고 제도를 운영하는 정부, 경제 시스템을 주도하며 자산의 흐름을 만들어 온 기업, 그리고 이 모든 전환을 감당하며 삶을 살아가는 우리 모두가 이제 각자의 역할을 새롭게 정의할 시점에 와 있다. 자산국가의 실행은 시스템만으로 완성되지 않는다. 그것은 권한을 가진 주체들이 어떻게 변화하고, 새로운 윤리를 받아들이며, 구조 전환에 실질적으로 개입할 수 있는가에 달려 있다.

다음 장에서는 자산국가 시대의 정부와 기업, 그리고 우리가 각자의 자리에서 어떤 책임과 권한을 가져야 하며, 어떻게 협력하고, 어떻게 달라져야 하는지를 함께 살펴본다. 지금부터는, 구조의 이야기에서 사람의 이야기로 넘어간다.

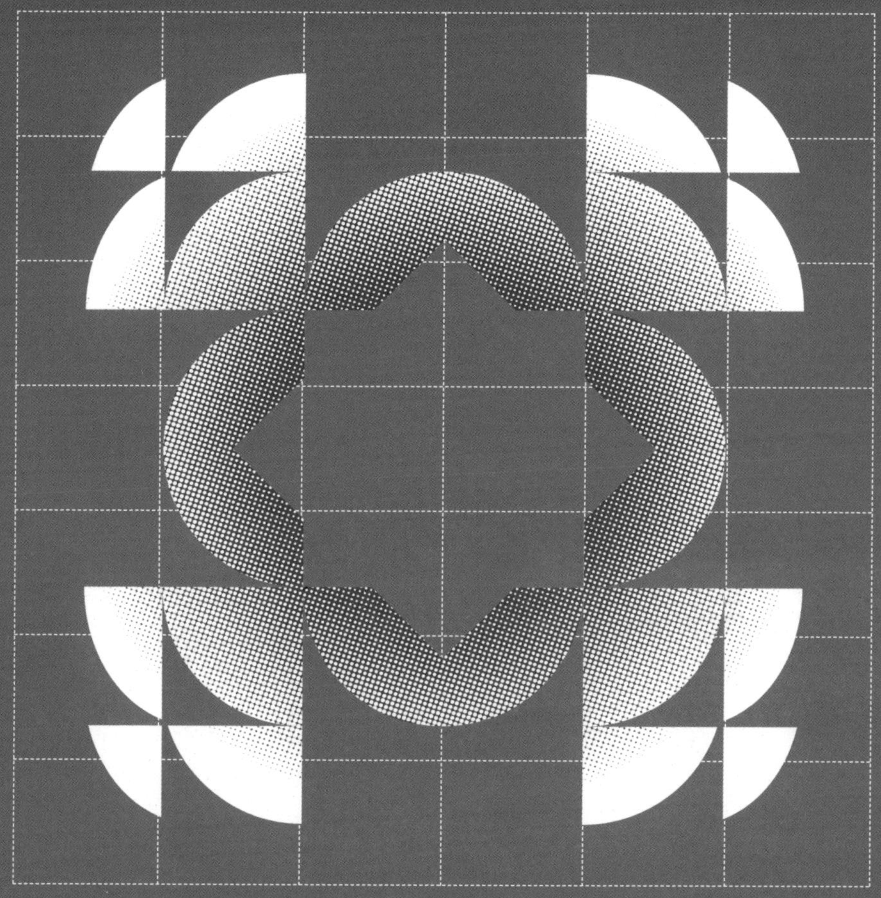

Chapter 9

자산국가 시대의 정부와 기업, 그리고 우리

자산국가는 제도적 구상이자 현실 안에서 작동 가능한 구조이며, 동시에 누군가가 실현해야 하는 사회 시스템이다. 이 시스템이 실제로 기능하기 위해서는 법과 정책, 기술과 재정 같은 구조적 기반만으로는 충분하지 않다. 자산국가는 이상이 아니라 살아 있는 구조이며, 구조는 언제나 사람을 통해 설계되고, 사람을 통해 작동한다. 아무리 정교한 제도를 만든다 해도, 그것을 현실에서 구현하고 유지하는 것은 그 구조를 살아가는 사람들이다.

다시 말해, 자산국가의 작동 가능성은 제도 자체가 아니라, 그 제도를 움직이는 행위 주체의 변화에 달려 있다. 정부, 기업, 시민 - 이 세 축이 기존의 역할과 간각을 내려 놓고, 새로운 사회적 원리에 맞게 스스로를 재구성할 수 있을 때에만 자산국가는 실질적 시스템으로 자리 잡을 수 있는 것이다. 정부는 단순한 규제자나 조정자가 아니라, 사

    새로운 자산국가: 코리아 스탠다드

회 구조를 설계하고 갱신하는 주체가 되어야 하며, 기업은 수익만을 추구하는 조직이 아니라 자산의 흐름과 순환을 설계하는 참여자로 기능해야 한다. 시민 역시 더 이상 수동적 수혜자나 소비자가 아니라, 자신의 삶을 기획하고 사회적 구조에 관여하는 실질적 주체로 등장해야 한다.

이러한 전환은 단순히 윤리적 선언이나 도덕적 당위성만으로 이루어지지 않는다. 현실의 이해 관계와 감정 구조, 그리고 유인 시스템에 기초한 정교한 설계가 요구된다. 자산국가는 사람들의 역할을 바꾸는 모델이 아니라, 그들이 스스로의 가능성과 책임을 감정적으로 수용할 수 있게 만드는 구조이기도 하다.

이 장은 자산국가라는 시스템이 실제로 작동하기 위해, 각각의 주체가 어떤 방식으로 변화해야 하며, 그 변화가 어떻게 현실을 설득하고 그 안에서 정착할 수 있는지를 탐색한다. 우리가 바꿔야 할 것은 정책만이 아니라, 그 정책을 설계하고 그 안에서 살아가는 인간 그 자체다. 자산국가의 가능성은 곧, 인간의 가능성에 대한 신뢰에서 시작된다.

정부의 전환: 통치에서 설계로

한국 사회에서 정부는 오랫동안 통제와 분배의 중심축으로 기능해 왔다. 문제를 진단하고, 정책을 설계하고, 예산을 배분하며, 실행 결과에 대한 책임까지 모두 감당했다. 시민들도 정부에 그런 역할을 기대했다. 사회적 위기가 닥치면 "정부가 해결해주기를" 바라고, 상황이 악화하면 "정부가 왜 이걸 못하냐"고 질책하며, 정책의 전 과정이 정부에 집중되었다. 이러한 구조는 정부를 만성적인 과부하 상태로 몰아넣었고, 시민과의 신뢰는 반복되는 실망과 체념 속에서 점차 약화했으며, 그 결과는 깊은 정치적 분열로까지 이어져 왔다.

자산국가는 이러한 '만능 정부'의 프레임을 넘어선다. 자산국가의 정부는 모든 것을 책임지고 조정하는 중심 권력이 아니다. 오히려 다양한 주체들이 각자의 방식으로 참여하고 기여할 수 있도록 구조를 설계하고, 그 설계가 지속 가능하도록 조율하는 '프레임 디자이너'에 가깝다. 통제가 아닌 설계, 명령이 아닌 유도, 대변이 아닌 가능성의 장을 여는 존재로서 정부의 정체성은 전환되어야 한다.

이것은 단순한 정부 기능의 변경이 아니다. 정부라는 조직이 그 자체를 바라보는 방식, 시민과 관계 맺는 감정의 구조, 공공을 정의하는 언어까지 모두 바뀌어야 한다. 정부는 이제 '문제를 대신 해결해 주는 손'이 아니라, '누구나 문제 해결에 참여할 수 있는 공간을 열어주는 손'이 되어야 한다. 설계자의 손은 단단하고도 유연해야 하며, 무엇보다 경청과 조율이라는 감정의 리더십을 내면화해야 한다.

이러한 전환은 이미 일부 현실에서 그 윤곽을 드러내고 있다. 서울시의 '시민참여예산제'는 연간 수백억 원의 공공 예산 중 일부를 시민이 제안하고, 투표로 편성하며, 실행 과정에도 함께 참여할 수 있도록 설계된 제도다. 고등학생이 제안한 통학로 개선 사업이 실제로 채택되어 실행되는 사례를 만들어냈다. 이는 단지 '좋은 아이디어가 반영되었다'는 차원을 넘어선다. 정부와 시민 사이의 역할 구도가 달라

     새로운 자산국가: 코리아 스탠다드

질 수 있다는 가능성, 그리고 그것이 현실적 제도 안에서 작동할 수 있다는 증거다.

대만의 'Join 플랫폼'은 정책 제안, 공론장 참여, 결과 모니터링을 하나의 디지털 흐름 안에 통합함으로써, 시민 참여를 단발성 이벤트가 아니라 지속 가능한 정책 피드백 생태계로 발전시켰다. 정부는 모든 것을 주도하지 않는다. 권한은 열려 있고, 결정 과정은 투명하며, 정부는 그 흐름의 조율자 역할에 충실할 뿐이다. 정부가 통제력을 내려놓을수록, 참여는 활발해지고 신뢰는 오히려 두터워진다.

이러한 흐름 속에서 정부 리더십의 성격 또한 새롭게 정의되어야 한다. '빠른 판단과 강력한 집행'이 더 이상 이상적인 리더십으로 여겨지지 않는다. 새로운 리더는 정답을 말하는 사람이 아니라, 다양한 목소리를 설계 안으로 끌어들이고, 그 조화를 조직하는 사람이다. 감정을 이해하고, 불확실성을 나누며, 구조를 설계하는 리더가 되어야 한다.

뉴질랜드의 저신다 아던 전 총리는 이 새로운 리더십의 사례로 자주 언급된다. 그는 팬데믹이라는 전례 없는 위기 속에서 시민들과 감정을 공유하고, 정보를 투명하게 공개하며, 결정 과정을 '함께 만드는 것'으로 전환했다. 그는 감정을 통치의 방해 요소가 아니라 사회적 결속을 가능하게 하는 에너지로 사용했다. 시민의 두려움과 혼란을 이해의 언어로 바꾸어, 공감이 곧 정치적 신뢰로 이어지는 구조를 만들었다. "우리 모두는 약할 수 있다. 하지만 함께 설계할 수 있다"는 그의 메시지는 통치가 아닌 동행, 지시가 아닌 공감을 기반으로 한 정치의 가능성을 보여주었다.

자산국가에서 정부는 이제 '결정하는 존재'가 아니라, 결정이 가능해지도록 공간을 설계하는 존재로 바뀐다. 정책은 통제 수단이 아니라 참여의 플랫폼이 되고, 예산은 배분의 대상이 아니라 공공의 상상력을 구현하는 도구가 되며, 법과 제도는 명령이 아닌 협력의 질서를 담는 그릇이 된다. 이러한 정부는 권한을 축소하는 대신, 역할을 재정의함으로써 신뢰를 새롭게 축적하는 방식으로 진화한다.

자산국가에서 정부는 이렇게 묻는다. "우리가 무엇을 할 것인가"가 아니라, "당신들이 함께 설계할 수 있도록 우리가 어떤 공간을 열어주어야 하는가"라고 묻는다. 이 질문으로 진정한 정부의 전환을 시작한다.

기업의 전환: 수익에서 순환으로

오랜 시간 동안 기업은 자산의 생산자이자 독점자로 여겨져 왔다. 토지, 자본, 정보, 노동, 콘텐츠 등 사회적 자원을 동원하여 수익을 창출하고 그 이윤을 내부에 축적하는 구조는 현대 자본주의 경제의 기본 전제이기도 했다. 기업은 혁신을 만들고 일자리를 창출하지만, 동시에 자산을 독점하고, 부를 편중시키는 구조의 핵심 축이기도 했다.

하지만 자산국가의 시대가 열리면서, 기업의 역할과 존재 방식은 근본적인 전환이 필요하다. 자산국가에서는 자산이 단지 기업의 소유물이 아니라, 시민의 참여와 기여를 통해 생산되고 분배되는 공공적 구조 안에서 재정의되기 때문이다. 즉, 기업은 더 이상 자산의 '주인'이 아니라, 공공 자산 순환 생태계의 협력자이자 공동 설계자로 재위치된다.

그렇다면, 기업은 왜 이런 전환을 수용해야 할까? 기업은 수익을 추구하는 조직이고, 공공성과의 균형은 늘 어려운 문제이다. 그러나 시대는 기업에 다음과 같은 방식으로 변화를 요구한다.

첫째, 공공성은 선택이 아닌 기준이 되었다. ESG(Environmental, Social, Governance), DEI(Diversity, Equity, Inclusion)와 같은 프레임은 더 이상 선언적 슬로건이 아니다. 글로벌 투자 기관과 연기금, 소비자와 청년 인재들은 공공적 가치를 내재화한 기업과 그렇지 않은 기업을 분명히 구분하고 있다. 미국 최대 자산 운용사 블랙록은 2022년부터 ESG 성과를 투자 전략의 핵심 지표로 반영하기 시작했고, 세계 각국의 연기금과 대형 기관투자자들도 유사한 흐름을 따르고 있다. 카카오, 네이버 등 한국의 대형 플랫폼 기업들 역시 노동 문제, 지역 책임, 데이터 활용 등에서 공공성에 대한 사회적 비판과 시장의 압력을 동시에 받은 바 있다. 공공성과 무관한 기업은 더 이상 신뢰 받을 수 없는 시대가 된 것이다.

둘째, 자산국가는 기업에게 새로운 시장과 협력 기회를 제공한다. 기존의 폐쇄적 내부 플랫폼이 아닌, 지역과 시민과의 협력 구조 안에서 데이터, 콘텐츠, 공간, 인프라를 함께 설계하고 공유하는 구조는 기업에게 더 정밀한 수요 예측과 충성도 높은 사용자 기반을 가능케 하는 비즈니스 전략이 된다. 예를 들어, 시민의 참여로 구축된 지역 플랫폼에서 기업이 에너지, 주거, 교통, 건강 데이터를 함께 활용하고, 그 수익을 공유하거나 공동 기획 형태로 환원하는 구조는 그냥 '좋은 일'이 아니라 생존 전략이자 차별화 전략이 될 수 있다. 핀란드의 헬싱키

시는 대형 통신사와 시민이 함께 참여하는 '열린 도시 데이터 플랫폼'
을 운영하고 있으며, 이 플랫폼을 통해 기업은 시민의 실시간 이동 패
턴을 활용한 모빌리티 서비스, 도시는 도시 설계와 정책 수립에 필요
한 정밀 데이터를 확보하는 쌍방향 구조를 성공적으로 구축했다.

셋째, 정책적 유인을 충분히 마련할 수 있다. 정부는 자산국가의
기반을 만드는 과정에서, 기업이 공공성과 순환 구조에 참여할 수 있
도록 다양한 인센티브를 설계할 수 있다. 예를 들어 기여 기반 법인세
감면 제도, 시민 참여형 프로젝트에 대한 가점 및 인증 시스템, 지역 공
동 자산 플랫폼 참여 기업에 대한 장기 파트너십 보장, 데이터 순환 및
공유 인프라 구축에 대한 공공 투자 매칭 등이 가능하다. 이러한 제도
는 기업이 단기 수익만이 아니라 장기 생태계 내 지속 가능성을 확보
하도록 유도하는 방식이다. 공공에 기여하는 기업이 결국 더 경쟁력을
갖게 되는 설계다.

넷째, 기업은 '사회적 존재'로서 근본적으로 재정의된다. 기업은
사회의 자산을 독점적으로 축적하는 주체가 아니라, 그 자산이 순환될
수 있는 구조 안에서 살아남는 유기적 존재다. 특히 플랫폼 기업, 콘텐
츠 기업, 금융 기업, 데이터 기업 등은 이미 공공재에 가까운 구조를 갖
고 있으며, 이제는 그 자산을 시민과 공동 설계하고 순환할 수 있도록
자기 정체성을 재정의해야 하는 시점에 와 있다.

자산국가는 기업에 희생을 요구하지 않는다. 오히려 새로운 생존
전략을 제안한다. 더 강한 신뢰와 더 넓은 생태계, 더 정교한 협력의 기
회를 보장할 수 있는 새로운 시장이 열리고 있다. 또한, 국제적으로도
변화하는 시장 질서에 자연스럽게 발맞추게 되고, 세계 시장의 신뢰를

얻는 것은 물론, 지속 가능성과 경쟁력을 확보하고 유지할 수 있다.

기업은 이제 '수익을 내는 조직'을 넘어, 자산의 흐름을 설계하고, 공공의 가치를 증폭시키며, 사회적 신뢰를 구축하는 생태계의 일부가 되어야 한다. 이 생태계 순환에 참여하는 기업만이, 다음 세대에도 살아남는다.

시민의 재정의: 수혜자가 아닌 공동 설계자

오랫동안 한국 사회에서 시민은 정책의 수혜자, 행정의 민원인, 선거의 유권자로 기능해 왔다. 행정 체계 안에서 시민은 보호받아야 할 대상이거나, 관리되어야 할 집단으로 간주되었고, 정책은 그들에게 주어지는 일방향적 지원의 형태로 작동했다. 이 구조는 시민의 기획 능력을 제한했고, 사회적 주체로서의 자각을 가로막았다. 정치와 제도에 대한 불신, 반복되는 실망, 그리고 "해 봤자 소용없다"는 감정은 어느새 개인의 문제가 아니라 사회 전반에 스며든 무력감이 되었다.

자산국가는 이 감정 구조를 재구성한다. 시민은 더 이상 수동적인 수혜자가 아니다. 자산국가 안에서 시민은 자산을 만들고, 제도를 설계하며, 사회의 흐름에 실질적으로 관여하는 주체로 다시 등장한다. 그 중심에는 '기여-참여-보상'으로 연결되는 새로운 메커니즘이 있다.

예컨대, 한 시민이 지역 플랫폼에 교통 문제를 제안하고, 다른 시민들과 의견을 나누며 해결 방안을 만들고, 그것이 투표와 검토 과정을 거쳐 정책으로 반영된다면, 이는 단순한 의사 표현이 아니라 사회 설계에 실질적으로 관여한 경험이 된다. 이후 해당 안건의 실행이 이루어지고, 기여자의 계좌에 소정의 보상이나 기여 기록이 남는다면, 시민은 중요한 한 가지를 직관적으로 깨닫게 된다. "내가 만든 변화가 나를 다시 변화시켰다."

이 짧지만 깊고 강렬한 경험은 사람의 정체성을 바꾼다. 자신을 '요청하는 존재'가 아니라, '변화를 만든 사람', '설계에 참여한 주체'로 인식하게 된다. 서울 성동구의 청년기획단에 참여했던 한 시민은 이렇게 말했다. "누군가를 이기려는 마음보다, 내가 무엇을 만들고 있는지가 더 중요해졌어요." 이는 경쟁에서 기여로, 체념에서 설계로 감정 구조가 이동한 순간을 보여주는 중요한 단서이다.

자산국가는 시민의 다양한 기여를 '무형 자산'으로 인정하는 구조를 설계한다. 여기에는 제도 밖에 머물던 활동들 - 예를 들어 지역 문제에 대한 제안과 토론, 커뮤니티 운영, 교육과 예술 활동, 환경 실천, 돌봄 노동, 시민 미디어 제작 등 - 이 포함된다. 이것들은 더 이상 '착한 시민'의 행동이 아니다. 기여는 곧 자산이며, 그 자산은 구조 안에서 권한과 보상으로 전환된다.

기여 계좌, 지역 배당, 정책 제안권, 사회적 신용 포인트 등의 구조를 통해 시민은 자신의 흔적을 사회 안에 남기고, 그 흔적은 다시 참여로 이어지는 순환을 만든다. 이 메커니즘은 단지 역할의 재배치가 아니다. 그것은 감정의 생태계를 다시 짜는 일이다.

사람은 자신의 삶이 통제당하는 것이 아니라 '설계 가능하다'고 느낄 때 비로소 삶을 책임질 수 있다. 권한은 무책임을 낳지 않는다. 오히려 설계에 관여한 사람은 그 구조를 지키고 개선하고자 하는 정서적

　　　　　　　　　　　　새로운 자산국가: 코리아 스탠다드

동기를 가진다. 이때 정치는 멀고 추상적인 것이 아니라, 내가 그려보고, 다듬고, 실험할 수 있는 구체적인 도면이 된다.

에드워드 데시(Edward Deci)는 "내재적 동기는 창의성과 인지적 유연성, 그리고 행복에 이바지한다"고 말했다. 자율성과 자기 결정성이 사람의 심리적 에너지와 행복감을 높인다는 의미이다. 즉, 시민이 행복을 느끼기 위해서는 자율성(자신의 삶을 스스로 선택하고 결정), 주체성(사회 속에서 자신이 의미 있는 존재라는 감각), 존엄(인간으로서 존중 받고 있다는 느낌), 공정성(공정한 기회와 대우를 받고 있다는 신뢰), 소속감(공동체 안에서 소외감 없이 연결), 기여(자신의 행위가 사회에 긍정적 영향을 미친다는 자부심) 등이 필요하다.

자산국가에서 시민은 "국가가 무엇을 해줄 것인가"를 기다리는 존재가 아니다. 그들은 "우리는 무엇을 설계할 수 있을까"를 묻고, 그 질문을 타인과 나누며, 구체적인 삶의 조건을 공동으로 만들어가는 실천적 주체다. 이 감정의 재배치는 개인의 심리를 넘어선다. 그것은 한 사회가 스스로를 어떻게 바라보는지를 바꾸는 일이며, 공동체 구성원이 자기 자신을 어떻게 정의하는지를 다시 쓰는 일이기도 하다.

세 주체의 관계 재구성: 정부, 기업, 시민의 새로운 합

자산국가에서의 사회 구조는 정부, 기업, 시민이라는 세 주체가 기존의 위계적 질서를 벗어나, 수평적이고 유기적인 관계망 안에서 다시 만나는 과정을 뜻한다. 이 변화는 단순한 '협력' 그 이상을 의미한다.

각 주체가 자산의 생산과 분배, 순환 구조에 실질적으로 접속하고 기여하며, 그 안에서 서로의 신뢰와 가능성을 증폭시켜 나가는 구조 설계의 변화다.

기존 사회는 역할이 분리되어 있었다. 정부는 결정을 내리고 집행하는 통제자, 기업은 자산을 축적하고 시장을 주도하는 주체, 시민은 서비스를 받는 수혜자였다. 이 구조는 효율성을 내세웠지만, 실제로는 책임이 집중되며 오작동을 낳았다. 정부는 점점 더 무거운 책임을 짊어지고 고립되었고, 기업은 공공성과의 괴리를 키워 불신을 자초했으며, 시민은 참여할 동기도, 채널도 없이 체념 속에 머물렀다.

자산국가는 이 단절의 구조를 '피드백 기반 접속 구조'로 전환한다. 각 주체는 더 이상 닫힌 고리 안에 머물지 않고, 자산 플랫폼을 통해 서로의 움직임에 반응하며 구조의 일부로 재편된다.

정부는 이제 더 많은 것을 통제하기보다는, 더 많은 관계를 가능하게 만드는 존재다. 기업은 수익을 독점하는 주체가 아니라, 자산의 흐름에 기여하고 순환을 설계함으로써 새로운 생존 기회를 확보하는 공공 생태계의 엔진이 된다. 시민은 수혜자가 아니라, 삶의 조건을 설계하고 공동체에 자신의 흔적을 남기며, 실질적 변화를 이끌어내는 참여형 설계자로 등장한다.

이러한 구조에서 가장 중요한 전환은, 이 세 주체가 서로를 억제하거나 분리하는 방식이 아니라, 서로의 움직임에 반응하며 진동하고 증폭하는 '공명(共鳴)'의 구조로 재편된다는 점이다. 이것은 각자의 고유한 리듬과 역할을 유지하면서도, 다른 주체의 움직임에 민감하게 반응하며 서로를 증폭시키는 정동의 구조를 의미한다. 정부의 정책 설계

     새로운 자산국가 : 코리아 스탠다드

가 기업의 생태계를 열어주고, 기업의 자산 운용이 시민의 참여를 가능하게 하며, 시민의 기여가 정부의 구조를 더 섬세하게 만드는 피드백 고리가 열리는 것이다. 그 모든 흐름이 얽히고 겹치며, 사회 전체가 살아 움직이는 구조로 바뀌는 것이다.

이때 정부는 신뢰를 설계하고, 기업은 생태계를 동력화하며, 시민은 이러한 삶의 구조에 참여한다. 이 세 주체가 함께 만들어내는 공명 구조야말로, 자산국가가 지향하는 새로운 사회 시스템의 심장이다.

우리는 이 장에서 자산국가라는 구조 안의 정부, 기업, 시민이 어떻게 변화할 수 있는지, 그리고 그 변화가 어떻게 설계되고 유도될 수 있는지를 살펴보았다. 이것은 역할의 조정이나 기능적 개편을 넘어, 사회를 구성하는 주체들 간의 관계 방식 자체를 바꾸려는 시도다. 각 주체는 고립된 역할에 머무르지 않고, 서로의 움직임에 반응하며 사회 전체의 설계를 함께 이끌어가는 존재로 전환된다.

이렇게 주체들의 새로운 역할까지 재정의된 사회가 매끄럽게 작동하기 위해서는, 그 기반이 되는 윤리와 철학의 기준 또한 재설정되어야 한다. 즉, 자산국가는 구조적인 접근을 넘어, "무엇이 더 좋은 사회인가"라는 질문에 대해 윤리적, 철학적 선택까지 요구해야 하고, 이는 자산국가라는 개념을 주장하거나 받아들이기 위해서 반드시 필요한 전제이다.

다음 장에서는 자산국가가 지켜야 할 윤리와 철학의 기준선 – 공정, 기여, 존엄 – 이라는 핵심 원칙들을 중심으로, 우리의 현실을 재설계, 재구성하는 것을 넘어서서, 삶과 인간에 대한 본질적인 가치로서 작동할 수 있도록 그 밑바탕을 함께 살펴보고자 한다. 궁극적으로 자산국가는 삶에 대한 태도의 전환이 된다. 이제 그 전환의 깊은 기준들을 함께 묻고 정리해 보자.

새로운 자산국가: 코리아 스탠다드

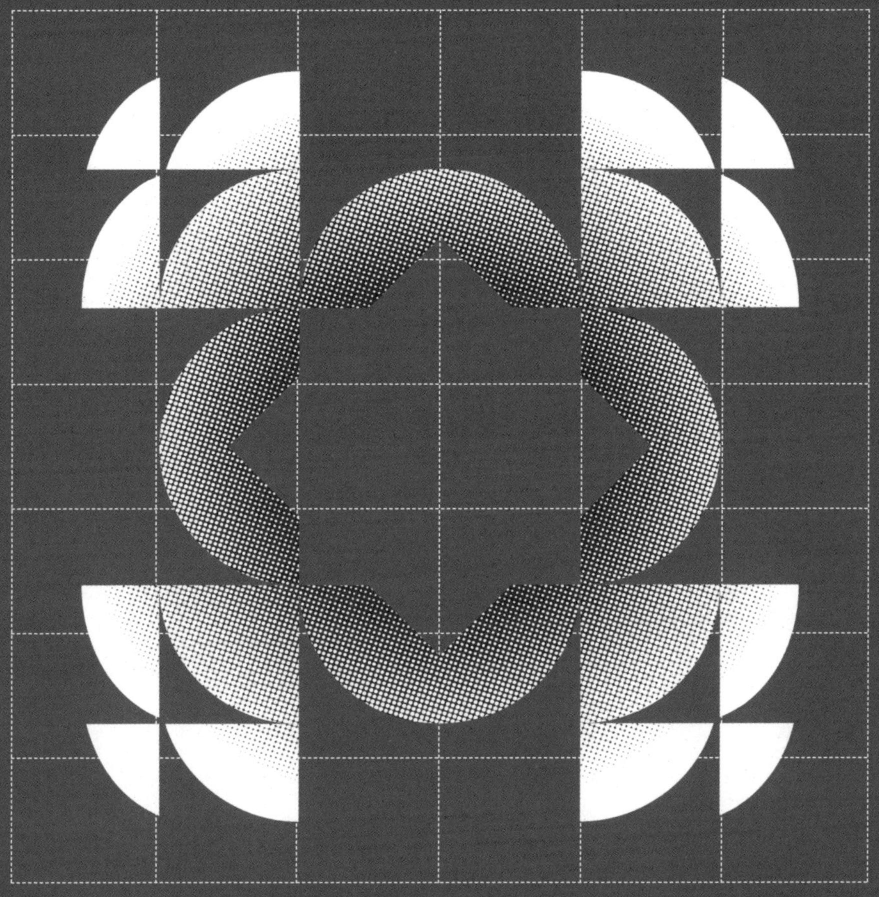

자산국가의 윤리와 철학:
공정, 기여, 존엄

우리는 이 책의 앞 장들에서 자산국가의 개념적 기초, 실행을 위한 전제 조건, 그리고 실제로 작동하는 방식과 이를 통해 변화하는 국가 구성 주체들의 역할과 삶을 살펴보았다. 자산국가는 무너져 가는 한국 사회의 감정 구조와 공동체 생태를 회복하기 위한 구조 실험이다. 앞서 여러 차례 말한 바와 같이, 자산국가는 이 상태를 단지 복지 확대나 일자리 창출로 해결하려 하지 않는다. 오히려 인간의 가장 기본적인 심리인 욕망과 기여 욕구를 역으로 활용해, 새로운 감정의 회로와 새로운 구조를 설계하고자 한다.

사람은 누구나 욕망한다. 더 많은 돈, 더 좋은 직업, 더 나은 조건을 원한다. 하지만 그 욕망이 지금처럼 고립된 경쟁 구조 속에서만 작동하면, 사람은 결국 서로 경쟁하고, 미워하고, 자신을 소진하며, 공동체는 분열하고 무너진다. 욕망은 방향 없는 에너지가 아니다. 욕망을

     새로운 자산국가: 코리아 스탠다드

그 자체로 방치하면 탐욕이 되지만, 잘 설계된 욕망은 질서가 될 수 있다. 자산국가는 이렇게 욕망을 에너지로 받아들여, 순환 가능하고 연결 가능한 형태로 전환하려는 시도다. "기여하면 돌아온다", "참여하면 존중받는다", "설계하면 소유할 수 있다"는 이 구조 속에서 사람은 서로를 이기려는 존재에서, 함께 만드는 존재로 변해간다. 그리고 그 결과, 우리는 점점 욕망으로부터 자유로워지고, 소유하려는 대신 존재 그 자체로 살아가며, 자신의 존엄과 타인의 가치를 동시에 회복할 수 있다.

이는 결국 인간과 삶의 존엄을 되찾고, 사람 사이의 사랑과 신뢰를 다시 회복하는 목표 지점으로 귀결된다. 이 지점까지 도달하기 위해서는 우리가 가지고 있던 몇 가지 윤리적, 철학적 가치의 기준을 다시 정립하는 것이 필요하다.

자산국가는 핵심 가치로 공정, 기여, 존엄을 제시한다. 이 세 가지 가치는 각각 자산국가의 출발점, 작동 방식, 그리고 도달하고자 하는 궁극적 지향점을 구성한다. 이는 자산국가가 현실적인 대안을 넘어서서, 사람들이 함께 잘 살아가는 삶에 대한 해법과 지속 가능성을 보여주는 것이다.

공정의 재정의: 자산국가의 출발점

공정이라는 말은 자주 쓰이지만, 그만큼 쉽게 오해되고 갈등을 불러일으키는 단어도 드물다. 특히 한국 사회에서는 공정이란 단어가 불신과 분노의 정서를 표현하는 데 사용되어 왔다. "누군가는 노력하지 않고 혜택을 받는다", "정당하게 평가받지 못했다", "결과는 같지만 출발선은 달랐다"와 같은 감정들은 흔히 보거나 겪는 것들이며, 어느새 우리는 자신도 모르게 그것들을 받아들이고 있다. "세상이 원래 그런 거다"라고 말하며 불공정을 어찌할 수 없는 현실로 여긴다.

자산국가가 추구하는 공정은 표면적인 균등 분배도, 단순한 기회의 평등도 아니다. 공정은 모든 사람이 서로 다른 형태로 참여할 수 있도록 구조를 설계하는 일이자, 그 참여가 어떤 방식으로든 정당하게 인정받는 사회를 만드는 것이다. 이는 삶의 조건과 맥락을 반영한 구조적 설계이며, 모두가 각자의 위치에서 '역할'로 존중받는 세계다. 예컨대 동일한 프로젝트에 참여하더라도, 누군가는 하루 여덟 시간을 쓸 수 있고 누군가는 육아나 건강 문제로 두 시간밖에 낼 수 없다. 그러나 두 시간의 기여가 공동체에 미친 영향력이 더 크거나, 더 창의적이거나, 더 지속적일 수 있다. 자산국가는 이러한 '질적인 기여'와 '개인의 조건'을 함께 고려하는 공정의 새로운 정의를 제안한다.

자산국가에서 공정은 다음과 같은 방식으로 구체화된다. 결과의 동일성이 아니라 참여 가능성의 평등을 지향한다. 누가 얼마나 참여할 수 있는지는 사람마다 다르지만, 그 참여의 문은 모두에게 열려 있어야 한다. 지금까지 사회적 인정이나 보상을 받지 못했던 활동들도 동등한 역할로 존중받는다. 이는 사회가 각자의 활동을 '공적 역할'로 인정하는 태도의 변화다. 기여 여부와 무관하게, 각자의 위치와 조건에 따라 인정받을 수 있는 설계를 지향한다. 이는 사람이 소외되거나 배제되지 않는 사회를 위한 가장 기본적인 전제다.

공정이란 결국 "왜 내가 이만큼 받았고, 왜 저 사람이 저만큼 받았는가"를 설명할 수 있는 구조, 그리고 그 설명이 납득 가능하고 투명하게 공개되는 구조를 말한다. 이 윤리적 가치가 실현되기 위해서는 아이러니하게 느껴질 수도 있지만 매우 정량적이고, 대단히 논리적으로 접근해야 한다. 앞선 장들에서 설명한 모든 제도적 기술적인 방법들이 선행되어야 하며, 사람들은 이 구조를 바탕으로 내려진 결과에 대하여 신뢰하고, 결과를 감정 없이 받아들일 수 있어야 한다. 자산국가에서의 공정은 억울함을 줄이는 것이 아니라, 사회가 다시 이해 가능한 세계가 되도록 만드는 윤리적 기초다.

국가가 개인의 부족한 능력을 채워줘야 한다는 생각은 버려야 한다. 국가는 이러한 시스템이 정말로 공정하고 투명하게 돌아가도록 설계하고 작동시키는 것으로 충분하다. 그 이상의 대가 없는 도움은 말 그대로 복지인 것이다. 국가의 복지 정책은 여전히 필요하겠지만, 그것을 당연히 여겨서는 안 된다. 구성원의 역할은 부족해도 되고, 국가가 그 부족함을 채워주는 것이 당연하다고 말하면 '불공정'하다. 이것에 동의하기 어렵다면, 내가 자신과 가족들의 삶 이외에, 국가와 사회라는 공동체를 위해 무엇을 한 것이 있는지 한번 노트에 적어 보면 된다. 공정은 개개인뿐만 아니라, 국가나 기업을 포함한 모든 구성원에게도 동일하게 적용되어야 하며, 복지를 포함하여 쉽게 당연시되는 창의, 연결, 소통 등 비가시적인 영역까지도 동등하게 역할로서 인정받아야 하는 것이다.

이러한 공정의 재정의는 자산국가의 출발점이 된다. 모든 구성원이 각자의 자리에서 정당한 역할과 그에 따른 몫을 가진다고 느낄 수 있어야, 그 다음 단계인 기여와 순환, 그리고 존엄의 회복으로 나아갈 수 있기 때문이다. 공정은 자산국가가 작동할 수 있도록 만드는 첫 번째 설계 원칙이며, 사람들의 신뢰를 회복하는 가장 기본적인 감정적 조건이기도 하다.

기여의 의미: 자산국가의 작동 방식

"이제, 당신은 무엇을 기여할 수 있는가?" 지금까지 우리가 사용해온 '기여'의 개념은 지나치게 시장 중심적이었다. 기여란 단어는 대체로 "얼마나 돈을 벌었는가", "몇 시간을 일했는가", "무슨 성과를 냈는가"로 축약된다. 노동 시간이 길수록, 연봉이 높을수록, 눈에 띄는 실적을 낼수록 더 많이 기여한 것으로 여긴다. 이 구조에서는 '보이지 않는 일'들은 평가받지 못한다. 앞서 말한 바와 같이 비가시적인 역할들이 공정하게 인정받지 못했기 때문이다. 돌봄, 정서적 지지, 공동체 유지, 감정 관리 같은 수많은 활동은 필수적이지만 제도 바깥에 존재한다.

기여란 단지 "무엇을 만들었는가"가 아니라, "누구에게 연결되었고, 어떤 영향을 미쳤는가"를 기준으로 평가되어야 한다. 그리고 그 영향은 반드시 금전적이거나 생산적인 것이 아니어도 된다. 자산국가의 기여는 '사회적 에너지의 흐름'이라는 더 넓은 맥락에서 정의된다. 이를 위해 자산국가는 다음과 같은 세 가지 설계 방식으로 기존의 기여 구조를 재구성한다.

첫째, 기여는 '기록되고 연결되는 자산'이 된다. 자산국가에서는

　　　　　　　　　　　　　새로운 자산국가: 코리아 스탠다드

'기여 계좌' 등을 통해 개인의 참여와 활동을 기록한다. 마을 회의에서 제안한 정책 아이디어, 공동체 행사 운영, 디지털 자산 생성, 예술 활동, 아이 돌봄 등 지금까지 평가받지 못했던 활동들이 이 계좌를 통해 사회적 자산으로 전환된다. 이 기록은 단지 보상의 근거가 될 뿐 아니라, 투표권, 제안권, 공동체 내 영향력 등 다양한 권리의 기반으로 계산된다.

둘째, 기여의 범주는 시장이 아니라 관계망에서 정의된다. 자산국가는 어떤 행위가 돈이 되느냐가 아니라, 관계를 통해 사회에 어떠한 긍정적 영향을 미쳤느냐를 기준으로 기여를 판단한다. 이로써 이전에는 '비생산적'으로 취급되던 활동인 정서적 위로, 공동체 중재, 아이디어 공유, 경험의 나눔들이 모두 기여로 재정의된다. 기여는 이제 '보이지 않던 흐름을 보이는 구조로 옮겨오는 일'이다.

셋째, 복지와 기여는 대립하는 개념이 아니다. 기존 사회에서 복지는 '받는 것', 기여는 '주는 것'으로 구분되었다. 하지만 자산국가에서는 그 경계를 허문다. 돌봄을 받는 과정, 회복을 위한 노력, 타인을 위한 경험의 공유 이 모든 것이 또 다른 형태의 사회적 기여로 인정된다. 다시 말해, 도움을 받는 자리에 있는 사람도 자신의 조건 안에서 사회에 기여하고 있고, 더욱 기여해야 한다는 점을 잊지 않아야 한다. 모든 도움과 호의 또한 그것을 받는 상대방이나 사회에 기여하는 것이다. 세상에 공짜는 없다. 금전적으로 0원을 보상하더라도, 도움을 받았다면 도움의 크기만큼 누군가에게 기여받은 것이고, 그 사실은 기록되고 인정받아야 한다. 고마움이나 미안함을 느끼는 것은 개인의 감정일 뿐, 그 어떤 기여나 보상 행위도 아니라는 것을 명심해야 한다.

이 구조 안에서 보상은 단순한 금전적 환급뿐만이 아니라, 관계망에서의 신뢰, 존중, 참여 기회의 확장으로 이어진다. 내가 한 일이 어떤 형태로든 상대방이나 공동체와 다시 연결되고, 또 다른 기여와 보상의 반복으로 인해 나에게 되돌아오는 구조. 이것이 자산국가의 '순환하는 기여' 구조다.

기여란 누군가를 이기기 위한 전략이 아니라 다른 사람과 함께 살아가기 위한 감정적 기반이며, 자산이란 독점해야 하는 축적물이 아니라 모두가 접속할 수 있는 사회적 흐름의 거점이 된다. 자산국가의 기여 구조는 곧 사회 전체의 감정 구조를 바꾼다. 단절된 연결이 복원되고, 배제된 이들이 다시 참여하며, 무의미하던 삶이 새로운 의미를 갖는다. 모든 기여는 그에 걸맞은 보상으로 전환되어, 또 다른 기여를 만든다.

이것이 자산국가의 작동 방식이다. 공정한 토대 위에서, 다양한 기여가 동등하게 인정되고, 그 기여가 순환하며 다시 공동체를 살아 숨 쉬게 한다. 자산국가는 그동안 무시되고 희생되어 온 삶의 기반들을 다시 사회의 중심으로 불러내는 실험이다. 이 실험이 성공하려면, 우리는 기여에 대한 우리의 상식을 바꾸어야 한다. 그리고 그 상식의 변화는 곧, 사회 전체의 감정 구조와 관계 구조를 뒤흔드는 작동 방식이 된다.

존엄: 자산국가의 궁극적 지향점

우리는 왜 살아야 하는가. 무엇을 위해 일하고, 무엇을 위해 경쟁하며, 또 무엇을 위해 버텨야 하는가. 지금 이 시대, 한국 사회를 살아가는 수많은 사람에게 이 질문은 현실적인 절박함으로 여겨질 것이다. 실업, 불안정한 주거, 가족 해체, 고립, 과로, 우울. 이 모두는 단지 물리적 어려움이 아니라, '존엄을 잃어버린 삶'의 징후다.

사람은 생존을 넘어, '존재의 이유'를 느낄 수 있을 때에만 인간답게 살아갈 수 있다. 그리고 그것은 공정한 구조 속에서, 자신의 기여가 인정받고, 타인과 연결되며, 삶이 의미로 되돌아올 때 비로소 가능해진다. 자산국가가 말하는 '존엄'은 바로 이 지점에 있다. 존엄은 누구에게나 무조건 주어지는 추상적 가치가 아니라, 사회적 구조 속에서 구체적으로 경험하고 회복해야 하는 감정적 실체다.

존엄은 '자기 존재가 타인에게 의미 있다고 느끼는 감정'이다. 심리학자 에드워드 데시(Edward Deci)와 리처드 라이언(Richard Ryan)은 자율성과 유능감, 관계성의 세 요소가 인간의 내적 동기를 형성한다고 보았고, 이는 "자기 결정이 가능할 때 인간은 비로소 삶의 만족을 느낀다"는 자율성 이론(Self-Determination Theory)으로 발전했다. 이 세 가지 요소는 모두 존엄과 연결된다. 자율성은 "내 삶을 내가 설계할 수 있다"는 믿음이고, 유능감은 "내가 하는 일이 의미 있고 가치 있다"는 느낌이며, 관계성은 "내가 타인과 연결되어 있다"는 감정이다.

자산국가는 이 세 가지를 동시에 회복할 수 있는 구조다. 공정한 설계는 자율성을 보장하고, 기여의 인정은 유능감을 형성하며, 순환 구조는 관계성을 회복한다. 이 모든 감정이 자연스럽게 쌓이고 연결되었을 때, 인간은 비로소 스스로를 존엄한 존재로 느끼게 된다.

지금까지 우리는 존엄을 마땅히 존중받고 보호받아야 할 '권리' 정도로 여겨 왔다. 그러나 자산국가의 관점은 다르다. 존엄은 보호의 대상이 아니라, 참여의 자연스러운 결과인 것이다. 사람은 자신이 설계에 관여한 구조 속에서만 책임지고, 기여하고, 의미를 부여할 수 있다. 이 구조 안에서 자신이 어떤 역할을 하고 있는지 인식하는 순간, 사람은 '존재의 확신'을 갖는다. 빅터 프랭클(Viktor Frankl)은 "삶의 의미는 발견되는 것이 아니라, 만드는 것이다"라고 말했다. 자산국가란 그 '삶의 의미를 만들어갈 수 있는 구조'이며, 그 과정 전체가 바로 존엄의 회복이다.

또한, 나의 존엄은 타인의 존엄을 조건으로 한다. 진정한 존엄은 혼자만의 것이 아니다. 내가 존엄을 누리기 위해서는 타인의 존엄도 함께 지켜야 한다. 나만의 이익이 아니라, 모두의 기여가 인정받고 모두의 역할이 존중받는 사회. 이런 의미에서 자산국가는 단지 '더 많은 것을 누리는 사회'가 아니라, '서로를 인정하며 살아가는 사회'를 지향한다. 나와 타인이 함께 의미 있는 존재로 느껴지는 구조 속에서 사람들은 점차, 무언가를 더 가지기 위한 욕망보다 존재 그 자체로 살아가려는 감정으로 이동한다. 이것이 진정한 존엄의 회복이다.

존엄의 회복은 결국, 사랑으로 이어진다. 사랑이란 그저 낭만적 감정을 말하는 것이 아니다. 타인을 있는 그대로 받아들이고, 서로에게 의미 있는 존재라는 감정을 교환하는 관계적인 개념이며, 인간으로서 지향할 수 있는 가장 높은 차원 중 하나이자, 진정으로 실현하기 어려운 신비하고 특별한 영역이다. 가족, 연인 등 누군가를 사랑해 본 적은 있지만, 그보다 가깝지 않은 어떠한 타인을 사랑해 본 경험이 있는가? 이것은 사람 자체를 사랑할 수 있어야 가능한 것이다. 사람 자체를 사랑한다는 것은 우리가 잘 아는 부처, 예수, 간디 등과 같이 개인의 경험과 통찰이 상당한 경지에 올라야만 깨달을 수 있고, 실천할 수 있다.

자산국가는 인간의 구조적 고립을 해소하고, 연결된 감정의 회로를 복원하며, 사람 사이의 신뢰를 다시 작동하게 만듦으로써, 사람을 사람 자체로 사랑할 수 있는, 그래서 사람이 더욱 존엄한 가치를 가질 수 있는 세상을 지향할 수 있도록 도와준다.

이 지점에서 자산국가는 대한민국에 국한된 개념을 벗어나, 위기를 겪고 있는 지구 공동체에 대한 해답이 될 가능성을 보여준다. 인간 존엄의 회복은 지금 전 세계, 전 인류에게 필요한 것이며, 기술의 발달과 자본주의로 인해 점점 사라지고 있는 인간의 사랑을 되찾기 위한 필수적인 전제 조건이다. 결국, 자산국가는 인간이 다시 의미 있게 살아갈 수 있는 새로운 문명의 기초를 세울 수 있는 새로운 구조이다. 우리는 다시 사랑하고, 다시 연결되며, 다시 의미 있는 존재가 된다. 그것이 자산국가가 궁극적으로 회복하고자 하는 것, 그리고 우리가 '좋은 삶'이라고 부를 수 있는 바로 그 상태이다.

지금까지 자산국가의 윤리적, 철학적 기준으로 공정, 기여, 존엄이라는 세 가지 축을 살펴보았다. 이 기준들은 제도 설계의 원칙을 넘어, 우리가 어떤 사회를 바라는가에 대한 해답이다. 자산국가는 기술로 운영되지만, 그 기술은 무엇이 정의롭고, 무엇이 가치 있는지를 기준으로 작동해야 한다. 자산국가는 제도지만, 그 제도는 사람의 감정과 존엄을 최우선으로 고려하는 방식으로 설계되어야 한다. 기술은 점점 정교해질 것이고, 제도는 반복적으로 다듬어질 것이다. 그 모든 기반 위에 반드시 있어야 할 것은 윤리와 철학이다. 이것은 현실을 바꾸는 디자인의 기준이자, 참여의 조건이며, 결국은 모든 시민이 이 구조 안에서 어떤 삶을 살 수 있느냐를 결정짓는 뿌리다.

우리 사회는 지금 무기력, 불신, 고립의 구조에 빠져 있다. 사람들은 서로의 삶을 비교하고, 스스로를 검열하고, 존재가 무의미해지는 감정 속에 살아간다. 자산국가는 이 무너지는 공동체를 단편적으로 보수하려 하지 않는다. 오히려 그 무너짐의 가장 깊은 원인인, 욕망만 남고 존엄과 사랑을 잃어버린 구조를 역으로 설계해서 치유하려는 시도다.

자산국가는 인간의 욕망을 전제로 한다. 사람은 기여하고 싶어 하고, 무언가를 이루고 싶어 하고, 존중받고 싶어 한다. 그리고 그 욕망이, 공동체의 순환 안에서 작동할 수 있게 구조화될 때, 사람은 스스로 욕망을 덜어내고, 다시 사랑하고, 신뢰하고, 연결되는 존재로 변화한다. 즉, 자산국가란 무너진 사회를 욕망의 역설로 치유하고, 욕망을 통한 순환 구조 안에서 결국은 욕망을 넘어서는 사람으로 살아가도록 만드는 것이다. 자산국가는 결국, 이 시대를 다시 인간적인 사회로 만드는 유일한 구조일지도 모른다.

이제, 우리는 자산국가라는 새로운 문명의 기초를 어떤 방식으로 시작할 수 있을지 구체적으로 살펴볼 시점에 와 있다. 다음 장에서는 이 개념이 실제 사회 구조 안에서 어떻게 구현될 수 있는지, 작고 현실적인 시뮬레이션을 통해 그 가능성과 경로를 함께 탐색해 본다.

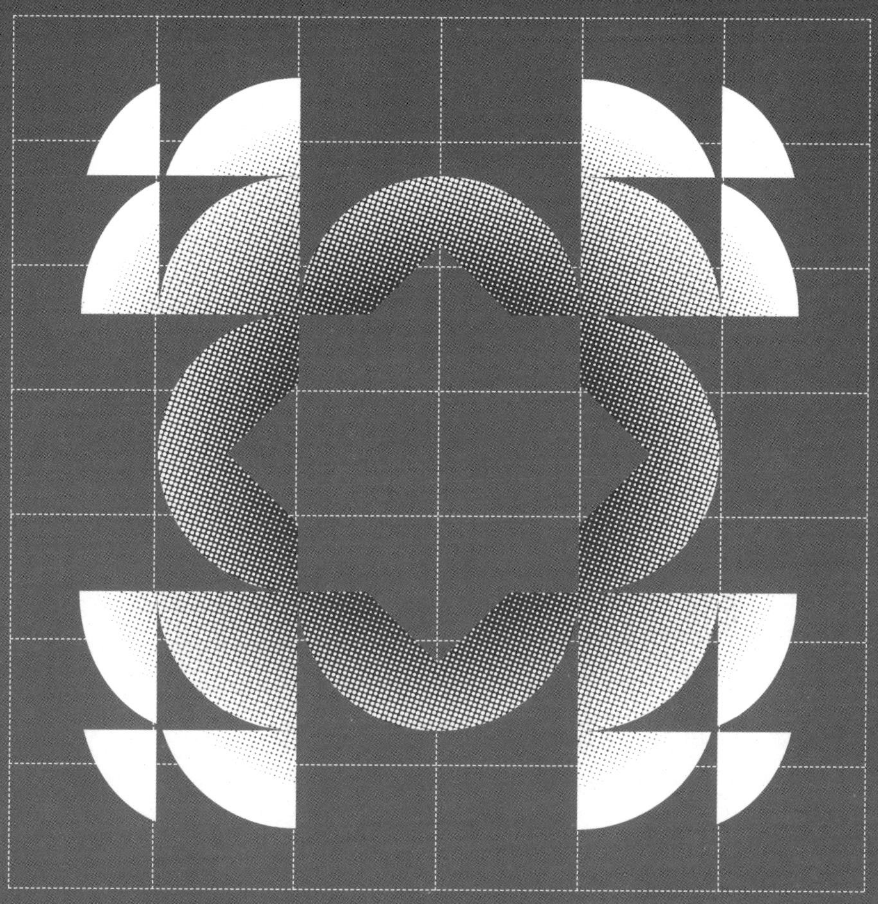

Chapter 11

자산국가 시뮬레이션: 어떻게 시작할 것인가

자산국가가 어느 날 갑자기 완성될 수는 없을 것이다. 완제품처럼 조립하거나, 외부에서 수입해 들여와 바로 적용할 수 있는 개념이 아니다. 오히려 자산국가는 지금 이 사회의 틈에서 서서히 자라는 감각과 욕망을 이용하여, 제도와 감정, 기술과 상상이 서로 상호작용하며 만들어내는 설계의 과정이다.

이 모델은 일종의 '사회적 건축 프로젝트'다. 마치 오래된 도시 위에 새로운 구조물을 다시 세우듯, 기존 제도를 해체하지 않고도 새로운 흐름을 연결해 나가는 방식으로 작동해야 한다. 완벽한 설계를 갖춘 채 일시에 시행되는 방식이 아니라 작은 실험과 피드백, 조정과 설득을 통해 점진적으로 확장되어야 한다.

우리는 지금, 낡은 기둥을 뽑아내는 것이 아니라, 기존의 토대를 보완하며 그 위에 새로운 층을 쌓는 중이다. 이 새로운 층은 새로운 제도의 도입만으로 이루어질 수 없다. 시민의 감정, 공동체의 문화, 디지털 기술, 지역의 맥락, 그리고 '살아있는 이야기'가 함께 들어 있어야 한다. 자산국가는 제도 설계서가 아니라 삶의 작동 방식으로 완성되어야 하기 때문이다.

이 장은 바로 그 작동 방식에 대한 '시작의 기술'을 다룬다. 자산국가를 어떻게 현실 세계 위에 덧입힐 것인가? 첫걸음은 어디서 시작되는가? 어떤 단위로, 어떤 방식으로 실험할 수 있는가? 그리고 그 실험은 어떻게 제도화로, 제도는 어떻게 문화로 이어질 수 있는가?

이 시뮬레이션의 목적은 '정답의 증명'이 아니라, '가능성의 작동 여부'를 확인하는 데 있다. "이런 사회도 가능하구나", "내 제안이 실제로 실행되다니", "이 시스템 안에서 실패해도 다시 도전할 수 있겠구나"라는 감정적 경험을 누적하는 것이야말로 자산국가의 가능성에 대한 가장 확실한 증거가 될 것이다.

궁극적으로 자산국가는 '새로운 국가 모델'이지만, 그 출발점은 대단한 것이 아니다. 거창한 법률이나 대규모 예산이 아니라, 아주 작고 구체적인 단위에서 시작한다. 한 사람과 한 지역이 체감할 수 있는 구조를 설계하고 운영해 보는 것. 그 작은 변화가 반복되며, 하나의 구조가 또 다른 구조를 호출하고, 마침내 그것이 문화가 되고 제도가 되는 것이다. 이 장은 그 구조적 상상력을 실행의 언어로 바꾸는 첫 번째 스케치이다.

작게 시작하는 전략: 파일럿 프로그램의 설계

자산국가의 핵심은 거대한 구조를 단번에 도입하는 것이 아니라, 일상의 언어로 작동하는 작은 변화를 통해 시민의 감각을 조금씩 일깨우는 데 있다. 거창한 개혁은 사람을 두렵게 하지만, 내가 사는 동네에서 내가 제안한 변화가 현실이 되는 경험은 구조에 대한 안정감과 신뢰를 만들기 시작한다. 이미 여러 국가에서 유사한 방식의 실험들이 진행된 바 있다. 예를 들어, 핀란드는 2017~2018년 사이 무작위로 선발한 2,000명의 시민에게 매달 560유로의 기본 소득을 지급하며 그 삶의 변화, 노동 참여율, 정신적 만족도 등을 측정했다. 미국 알래스카주는 1982년 이후 석유 수익을 기반으로 한 '영구 기금'을 통해 주민 1인당 연평균 1,100달러의 배당금을 제공하고 있다. 한국 내에서도 2022년 서울시가 진행한 '청년 수당 실험'은 매달 50만 원을 6개월간 제공하여 청년의 심리 안정성과 구직 지속성을 향상한 사례로 평가되었다.

모든 국가적 혁신은 소규모 실험으로부터 시작된다. 자산국가 역시 지역 단위, 세대 단위, 특정 자산 영역(에너지, 주거, 건강 등) 단위에서 작게 실험할 수 있다.

청년 자산 계좌 실험을 예로 들어보자. 참여 대상은 만 19~29세의 무소득 또는 저소득 청년 5천 명이고, 정부 혹은 지방 자치 단체가 일정 금액(예: 연 100만 원)을 청년 계좌에 지급한다. 이 자금은 공공 프로젝트 참여, 지역 기여 활동, 공동 창업, 기술 교육 등 사회적 기여가 발생하는 영역에 한정하여 사용 가능하다. 프로젝트 결과 및 참여 이력은 디지털로 기록되고, 성과에 따라 배당 혹은 가산점이 부여되며, 기여 기반 투표 시스템을 통해 청년 스스로 "어떤 정책에 참여할까"를 결정하고 평가하거나 평가받을 수 있다.

실험의 정체성을 명확히 하기 위해, 지급된 자금은 단순 소비에 사용할 수 없도록 제한한다. 모든 자금은 공공적 기여와 자산 설계의 경험으로 이어지는 활동에만 사용 가능하며, 이는 구조 실험의 핵심 조건이 된다. 따라서 이 실험은 단순한 청년 지원이 아니라, 그들에게 "당신도 이 사회의 설계자다"라는 메시지를 주는 구조다. 자산국가의 핵심은 누군가에게 혜택을 주는 것이 아니라, 누구나 그 구조에 기여하고 영향을 줄 수 있다는 존재감을 부여하는 데 있다. 또한, 기여 이력은 차기 참여와 권한 부여에 연결되며, 반복될수록 영향력은 확장된다. 초기 운영비 약 100억 원으로도 전국 1만 명 규모의 실험이 가능하며, 이들은 미래의 시민 자산 설계자가 된다.

지역 자산 플랫폼 실험도 고려할 수 있다. 인구 3만~10만 명 규모의 중소 도시 또는 생활권 단위에서 주민이 모바일 또는 웹 플랫폼에 제안을 작성하고, 공공 예산 5~10억 원을 기여 기반 평가로 분배하며, 지역 환경·교통·에너지·청년 일자리 등 다양하게 주제화할 수 있다. 실패 프로젝트는 폐기하지 않고 '공공 학습자산 DB'로 축적하며, 투표 수와 참여 빈도는 차기 사업 참여 기회에 반영한다.

예를 들어, 일본 니가타현은 '지역 설계 워크숍'을 통해 주민 스스로 인프라와 사회 서비스를 기획하게 했으며, 제안 중 42%가 실제 예산 책정을 통해 실행되었다. 한국의 성남시도 '주민 참여형 에너지 협동조합' 실험으로 소규모 투자와 수익 분배 시스템을 실현한 바 있다. 이 실험의 핵심은 지역 주민이 수혜자나 감시자가 아니라, 지역의 설계자이자 투자자로 전환된다는 점이다.

　자산국가가 말하는 참여란, 제안을 올리고 투표만 하는 것이 아니다. 실패의 책임과 성공의 보람을 함께 경험하는 구조 안에서 자신의 감각을 기획과 설계의 언어로 전환하는 일이다. 공공 예산은 더 이상 '정치적으로 배분되는 돈'이 아니라, 시민의 기여와 상상이 흐르는 회로가 된다. 이 실험을 통해 우리는 예산이 아닌 구조를 분배하는 방식, 참여가 아닌 책임을 설계하는 방식을 학습한다. 그런 학습이 반복될 때, 자산국가는 단지 새로운 제도가 아닌 삶의 습관이자 공동체의 기반으로 자리잡게 될 것이다.

사회적 감수성의 확보: 설계보다 설득이 먼저

앞선 장에서 말했듯, 자산국가는 한 사회의 감정 구조를 전환하는 프로젝트다. 제도는 논리로 움직이지만, 사람은 감정으로 반응한다. 정책이 작동하기 위해서는 먼저 사람들이 그것을 자신의 삶과 연결된 이야기로 받아들일 수 있어야 한다. 이 장에서는 자산국가의 구조가 어떻게 '정서적 질서'로 뿌리내릴 수 있을지, 그 설득의 전략과 감수성의 기반을 구체적인 사례와 함께 살펴본다.

　자산국가가 가장 쉽게 마주칠 수 있는 오해는 "일하지 않아도 돈을 준다"는 '무임승차 프레임'이다. 이 프레임은 새로운 제도에 대한 신뢰를 갉아먹고, 참여 이전에 반감을 유발한다. 하지만 실제 자산국가 설계는 기본적 생존권의 보장 외에, 기여 기반 순환 구조에 초점이

　　　　　　　　　　　　새로운 자산국가: 코리아 스탠다드

맞춰져 있다. 참여는 무임승차가 아니다.

　　서울시 은평구는 참여 예산제 확대에 앞서 '주민 학교'를 운영해 시민들에게 직접 예산 배분 구조와 제안 방식을 교육했다. 주민들은 실제 동네 문제를 해결할 제안을 수립하고, 예산 배분과 실행에 참여했다. 이 과정을 통해 "나도 행정에 참여하고, 동네를 바꿀 수 있다"는 감각이 시민에게 직접 전달되었다. 대만은 정부 공식 참여 플랫폼인 'Join.gov.tw'을 통해 시민 제안과 투표를 기반으로 정책을 입안한다. 2020년도에는 "모든 학교에 무료 생리 용품을 비치하자"는 시민 제안이 수만 건의 투표와 지지로 채택되어 실제 정책으로 실행되기도 했다. 이 사례는 '시민 참여 → 정책 반영 → 실제 변화'라는 감정 회로가 작동했음을 보여준다.

　　자산국가의 설계 역시 이러한 순환 구조를 바탕으로 한다. 참여와 기여가 곧 구조를 바꾸는 힘이 되고, 그 구조는 다시 시민에게 수익과 권한으로 돌아온다. 이 감정 회로를 회복하는 것이 자산국가의 실험이 가져야 할 첫 번째 목표다.

　　실패를 용인하지 않는 사회는 도전과 참여의 생태계를 스스로 억누른다. 자산국가가 작동하려면 실패에 대한 사회적 언어부터 바꿔야 한다. 실패는 낙오가 아닌 자산이다.

　　일본 나고야에서 시작된 '실패 박람회(Failure Conference)'는 실패 경험을 공유하고, 실패 이후 어떤 학습과 전환이 있었는지를 나누는 행사다. 정부 부처, 기업가, 시민 모두가 참여하여 실패의 서사를 '공공의 자산'으로 전환하는 구조를 만든다. 이 문화는 '실패는 부끄러움이 아니라 기여의 한 형태'라는 감정을 확산시켰다. 한국창업진흥원은 '실패한 창업자'를 대상으로 재도전 기회를 제공하는 '실패 후 멘토링' 프로그램을 운영했다. 이들은 초기 실패 경험을 토대로 더 나은 사업 모델을 만들고, 정부의 재투자를 유치하는 데 성공했다. 실패 기록은 단지 사라지는 것이 아니라, 정책 학습의 근거로 남았다.

자산국가는 이러한 실패를 '순환의 일부'로 제도화한다. 실패는 다음 설계의 자산이며, 실패 경험을 남기고 공유하는 일 자체가 하나의 기여가 된다.

자산국가는 '언어의 정치'를 정면으로 다룰 수밖에 없다. 사람들이 제도를 받아들이는 방식은 단어가 만든 인식의 틀에 따라 결정된다. 단어를 바꾸면 감정도 바뀐다.

맨체스터시는 시민의 자원봉사, 커뮤니티 기여, 지역 프로그램 참여를 금전 대신 'Civic Credits'로 보상한다. 이 단어는 '복지 포인트'나 '보조금'이 아니라, 시민의 기여가 공동체 신용으로 바뀐다는 의미를 갖고 있다. 이런 명명 방식은 시민에게 "내가 무엇을 했는가"라는 감정적 연결을 만든다.

국민 참여 예산이라는 표현은 여전히 '정부 예산에 시민이 의견을 낸다'는 한계를 지닌다. 반면 '시민 설계 예산'은 예산의 일부가 시민에 의해 직접 구조화된다는 인식을 만든다. 이런 언어적 전환은 참여자의 자부심과 책임감을 동시에 자극할 수 있다.

자산국가는 이런 언어적 기획을 정교하게 설계해야 한다. 단어 하나가 감정을 결정하고, 감정은 참여 여부를 결정한다. '기여 수익', '설계권', '참여 자산' 같은 단어는 '보조금', '지원금', '혜택'과는 전혀 다른 감정 구조를 만들어낸다.

궁극적으로 자산국가는 감정이라는 보이지 않는 기반을 활용하여 그 위에 제도를 얹는 구조다. 사람들이 그 제도를 '내 것'으로 느끼고, 그 속에서 기여와 성장이 가능하다고 믿게 만드는 과정이 없다면 아무리 정교하고 이상적인 시스템도 작동하지 않는다. 자산국가는 기술 이전에 감정을, 설계 이전에 언어를, 정책 이전에 서사를 준비해야 한다.

커뮤니케이션과 서사: 제도를 살아 있는 이야기로 만들기

자산국가의 실험은 설계 도면 위에서만 이루어지는 것이 아니다. 정책 실험이 사회 구조로 전환되기 위해서는 시민이 그 실험의 일부로서 감정적으로 연결되어야 한다. 이는 곧 실험 설계 못지않게 전달 구조, 즉 커뮤니케이션이 핵심이라는 뜻이다. 사람들은 자신이 살아갈 이유를 '논리'가 아닌 '이야기'로 이해하고, '수치'가 아니라 '상징'으로 기억한다. 아무리 정교한 제도라도 그것이 정서적 공명을 일으키지 못하면, 사람들의 참여와 몰입을 이끌어내기 어렵다.

자산국가가 기술적·제도적으로 아무리 뛰어난 구조라 하더라도, 그것이 개인의 삶과 어떤 감정적 연결을 맺는지에 따라 현실로서의 설득력은 극명하게 달라진다. 따라서 자산국가의 도입은 단지 제도의 도입이 아니라, 사람들이 자신의 존재를 확인할 수 있는 서사적 공간을 열어주는 일이어야 한다. 시민이 "나는 이 사회에 기여하고 있고, 이 도시의 변화는 내 아이디어에서 시작되었으며, 지금 내가 받은 배당은

나의 활동이 만든 성과다"라고 느끼는 감정 회로가 작동할 때, 제도는 살아 있는 구조가 된다.

가장 효과적인 커뮤니케이션 방식은 단순한 정보 전달이 아니라 이야기로 경험을 재구성하는 것이다. 체험 기반 콘텐츠는 참여를 살아 있는 이야기로 만든다.

부산시는 2022년 스마트타운 시범 사업의 참여 과정과 결과를 영상으로 제작해 시민에게 공유했다. 이 영상은 단 2개월 만에 20만 회 이상의 조회수를 기록했고, 지역 언론과 학교 커뮤니티, 온라인 포럼 등에서 자주 언급되었다. 청년, 고령자, 자영업자 등 다양한 참여자가 '내가 만든 정책'이라는 자부심을 느끼는 순간은, 영상 속 짧은 인터뷰 한 마디에서 전해진다. "내 제안이 실제로 동네에 반영되니까, 뉴스 보는 게 남 일 같지 않더라고요."

자산국가는 이와 같이 실험 과정 자체가 하나의 서사가 되어야 한다. 웹 다큐, 인터뷰 영상, 참여 후기 콘텐츠, SNS 릴스 등 다양한 포맷을 통해, 논리가 아닌 사람의 말로 실험을 기록하고 공유하는 전략이 필요하다.

"내가 참여하고 있다"는 실감은 단순한 정책 문서나 웹사이트 공지 게시판을 통해서는 제대로 전달되지 않는다. 사람들이 실험의 흐름을 실시간으로 확인하고 추적할 수 있을 때, 참여는 감정적 일상이 된다. 데이터 시각화와 실시간 대시보드가 '참여의 실감'을 제공한다.

서울시의 '엠보팅'은 스마트폰 기반 공공 투표 플랫폼이다. 여기에 제안 수, 투표율, 참여 연령대 등이 실시간으로 시각화되어 공개되면서, 시민이 과정의 흐름을 감각적으로 체험할 수 있다. 이 구조는 자

　　　　　　　　　　　　　　　　새로운 자산국가 : 코리아 스탠다드

산국가에서도 그대로 응용 가능하다. 내가 제안한 안건이 현재 몇 표를 얻고 있는지, 어떤 동네에서 가장 활발하게 기여가 일어나고 있는지, 참여 활동이 얼마나 수익과 연결되었는지, 이런 정보들이 누구나 볼 수 있는 대시보드에 실시간으로 축적되고, 투명하게 공유된다면, 시민은 단지 '의견을 낸 사람'이 아니라 '구조를 설계하고 추적하는 사람'으로 위치하게 된다.

실험이 진정한 의미를 가지려면, 그 실험에 참여한 시민들이 자부심을 가질 수 있는 '브랜드화'된 경험이 되어야 한다. 자산국가의 실험은 '정부 사업'이 아니라 '내가 만든 도시 이야기'가 되어야 하고, 이것이 스토리텔링을 통해 사람들에게 전달되어야 한다. 이렇게 공공성과 브랜드가 만나게 된다.

강원도 모 시에서는 주민 주도로 진행된 디자인 실험 사업에 '나의 마을, 나의 설계'라는 슬로건을 붙이고, 해당 실험 과정을 지역 축제로 연계했다. 마을 주민들은 직접 디자인한 공공 벤치, 어린이 놀이터의 설계안, 마을 안내 표지판 등을 실제로 설치했으며, 그것은 곧 '내가 만든 도시'라는 문화적 자산이 되었다.

"한 장의 제안서가 동네를 바꾼다", "나는 내 기여로 이 도시를 설계한다", "내 투표가 내 이웃의 삶을 바꾼다" 같은 짧지만 강력한 구절들은 감정을 언어화한 상징 도구다. 이런 언어는 SNS 카드 뉴스, 벽보, 캠페인 포스터, 웹사이트 슬로건 등 다양한 매체에서 반복되어야 하며, 시민이 자신의 경험을 그 문장에 투영할 수 있도록 설계되어야 한다.

또한, 정책은 보이는 형태일 때 더 쉽게 공유된다. 제안서 작성 가이드북, 설계자 인증 배지, 기여 이력 리본, 동네 설계 지도 등은 시민이 제도를 '눈으로 볼 수 있게' 만드는 도구다. 투표 도장이 민주주의의 상징이듯, 자산국가도 참여의 시각적 상징을 설계해야 한다. 일본 아키타현의 주민 제안 사업은 '참여한 사람'의 이름이 새겨진 동네 조형물을 설치했고, 이 상징은 지역 정체성과 자부심으로 작동했다.

자산국가가 사회 시스템의 일부가 되기 위해서는, 그것이 문화로 받아들여져야 한다. 음악, 드라마, 웹툰, 전시, 축제 등은 정서를 전파하는 핵심 경로다. 예컨대 "내가 만든 정책이 드라마 속 마을을 바꾼다"는 메시지를 전달하거나, 정책 실험에 참여한 시민의 이야기를 웹툰화하는 방식은 참여자에게 상징적 보상을 제공하면서 동시에 주변 사람들의 관심을 끌어들인다. 영국의 '비전 캠페인', 일본의 '미래 대화 포럼', 한국의 '마을 미디어 지원 사업'은 모두 정서와 서사를 기반으로 한 참여 모델을 통해 시민의 주도성을 크게 끌어올렸다.

앞서 말한 모든 형태의 커뮤니케이션은 제도의 일부가 되어야 한다. 자산국가는 실험으로 시작되지만, 그 실험이 남긴 이야기로 설득된다. 특히 자산국가처럼 생소하고 복잡한 구조는, 그 감정적 감촉이 사람의 일상에 스며들 때 비로소 자연스럽게 작동을 시작한다. 시민이 참여자가 아니라 '이야기의 주인공'이 될 수 있을 때, 자산국가는 작동한다. 정책 설명회는 정보를 넘어서 스토리텔링의 장이 되어야 하고, 영상 콘텐츠는 감정의 다리이자 행동 유인의 매개체여야 한다. 또한, 실험의 실패는 사라지는 것이 아니라, 다음 설계를 위한 소중한 발판으로 기록되고 공유되어야 한다.

제도가 아무리 제대로 갖추어지더라도, 그것이 사람들의 이해와 공감을 쉽게 얻지 못한다면 현실에서 작동하지 않는다. 이 실험의 성공은 얼마나 완벽한 설계였는가가 아니라, 어떻게 이야기되고, 어떻게 기억되며, 어떻게 공동의 경험으로 남는가에 달려 있다. 그렇기에 커뮤니케이션은 단순한 홍보나 참여 유도를 위한 마케팅의 개념이 아니다. 이 또한 제도의 일부이자, 정책적인 설계이며, 시민과 정부, 기업 등 모든 구성원이 다시 만나는 감정의 플랫폼인 것이다.

교육과 제도 문해력: 이해와 참여의 전제 만들기

자산국가는 스스로 설계하고 조정할 기회와 능력을 시민에게 부여하는 제도다. 그렇기 때문에 이 구조는 기존의 행정 시스템보다 훨씬 더 복잡하고 정교하다. 기여와 배당이 어떻게 연결되는지, 정책 제안이 어떻게 설계되고 예산화되는지, 어떻게 데이터가 자산이 되고, 그것이 어떻게 수익과 권한으로 환원되는지, 이것들이 왜 공정하고 정당한지. 이 모든 흐름을 이해하지 못하면, 이 실험은 흥미롭다가 끝나는 이벤트성 프로젝트에 머물고 말 것이다.

따라서 자산국가의 실험은 반드시 제도 문해력과 디지털 역량 교육을 병행해야 한다. 이 교육은 단순하게 '정책을 이해시키는 것'이 아니라, 시민을 능동적인 참여자, 설계자로 전환하는 실습 훈련이다. 정치와 경제, 기술과 감정이 만나는 지점을 구체적 언어로 번역하고, 그 언어를 직접 만지고 조작해 보는 체험의 장이 필요하다.

자산국가 교육의 시작은 누구나 쉽게 접근할 수 있도록 '내 삶의 문제'를 다루는 방식에서 출발해야 한다. 생활 민주주의 교실은 실생활 중심의 커뮤니티 기반 교육이다. 예를 들어, "우리 동네 주차 공간을 늘리려면 어떤 제안을 해야 할까?", "공공 데이터는 어떤 방식으로 공유될 수 있을까?", "내가 낸 아이디어가 지역 예산에 반영되는 과정은 무엇인가?" 이런 질문들을 중심으로 한 생활형 정책 설계 워크숍은 '이해하는 민주주의'에서 '설계하는 민주주의'로 나아가는 입문 과정이 된다.

인천시의 '지역 협치 학교'는 4주 과정으로 운영되며, 참가자들은 지역 이슈를 분석하고 정책 제안서를 작성해 발표까지 진행한다. 2022년에는 '청소년 야간 안전 귀가 조명 개선안'이 실제 정책으로 채택되었다. 이 경험은 교육 그 자체가 제도화로 이어질 수 있는 가능성의 입증이었다.

자산국가에서 가장 어려운 것은 "기여가 어떻게 수익으로 전환되는가"에 대한 이해다. 이를 해결하기 위한 방법은 가상의 시스템을 실제처럼 체험할 수 있는 시뮬레이터다. 기여 시뮬레이터 앱을 통한 가상 참여는 직관적 학습을 가능하게 한다. 내가 제안한 아이디어가 몇 표를 받고, 얼마의 예산이 배정되고, 어떻게 결과물이 나오며, 기여와 보상은 어떤 방식으로 측정이 되고, 어떤 방식으로 나에게 배당이 이루어지는가. 이 모든 과정을 하나의 인터페이스 안에서 직접 조작해 보는 훈련은 참여를 '머리로만 이해하는 것'에서 '손으로 체득하는 것'으로 바꾼다.

서울의 한 사회 혁신 교육 기관은 '마을 기여 시뮬레이션'이라는 이름으로 시민 50명을 대상으로 가상의 마을 운영 실험을 진행했다. 참가자들은 일정 포인트를 받아 지역 문제 해결 아이디어를 제안하고,

서로 투표했으며, 수익 배당과 평가 구조를 체험했다. 이 실험 후 "참여 구조가 처음엔 복잡했지만, 해보니까 감이 잡혔다"는 반응이 다수였다. 이 경험은 실험에 앞서 필요한 심리적 낯섦을 걷어내는 브리지 역할을 했다.

시민이 실제 정책 실험에 우선적으로 참여할 수 있도록 하는 '설계자 인증 프로그램'은 제도와 시민 사이의 실질적 가교다. 시민 설계자 인증 프로그램은 실전 기반의 참여 훈련이다. 일정 교육 수료 후 설계 프로젝트 참여 자격을 부여하고, 지역 참여 예산, 공공 플랫폼 운영, 주민 제안 심사 패널 등으로 연계하며, 일정 기간 활동 후 '설계자 배지' 혹은 마일리지 형태의 인센티브를 제공한다. 이러한 프로그램은 시민이 단지 정책을 '이해'하는 수준에서 멈추지 않고, '조정·설계·피드백'의 전체 흐름을 경험하도록 유도한다.

영국의 '시민 예산 학교(Citizens' Budget School)'는 지역 주민이 예산 배분 프로세스를 체험하고, 실제 지방 의회 예산 토론에 참여할 수 있도록 교육한다. 이 프로그램 수료자는 '커뮤니티 설계 위원'으로 등록되어 향후 정책 워킹 그룹에도 참여할 수 있다.

자산국가는 단순한 정책 구조가 아니라, 시민을 재정의하는 모델이다. 따라서 학습은 선택이 아니라 전제다. 자산국가의 교육이 민주주의를 가능케 한다. 이때 중요한 것은, 교육이 '이해시키는 것'에 머물지 않고 자신의 감정과 삶을 연결하는 서사적 경험이 되어야 한다는 점이다. "내 제안이 정책이 될 수 있다"는 감각, "이 시스템은 나와 연결되어 있다"는 확신, "나의 모든 행위가 기여로 평가될 수 있고, 그 보상은 공정하다"는 신뢰, "내가 설계의 일부이다"는 자존감. 이 모든 것이 동시에 작동할 때 자산국가는 진정한 민주주의를 실천할 수 있는 구조가 된다.

　그리고 그것을 움직이는 진짜 에너지는 '이해하는 시민'이다. 참여는 감정으로 시작될 수 있지만, 제도는 이해를 통해 유지된다. 단지 선한 의도나 일시적 관심만으로는 이 복합적이고 설계 중심적인 구조를 유지할 수 없다. 그렇기 때문에 교육을 통한 문해력은 곧 민주주의의 조건이며, 자산국가의 핵심 인프라다. 제도 문해력, 데이터 문해력, 디지털 설계 문해력이 시민 개개인에게 살아 있는 언어로 전달될 때, 자산국가는 비로소 지속 가능한 현실이 된다. 그리고 이 교육은 '시민 역량 강화' 그 이상의 의미를 갖는다. 그것은 곧 삶을 이해하는 새로운 감각, 권리를 사용하는 새로운 방식, 그리고 내가 이 구조의 일부라는 시민 정체성의 재구성이다. 결국, 자산국가의 진짜 시민은 반드시 배움과 체험의 과정을 통해 탄생하게 되는 것이다.

정치 제도와의 연결: 새로운 것과 기존 것의 접점 찾기

자산국가는 기존 정치 체제를 부정하거나 해체하는 모델이 아니다. 오히려 그 반대다. 이 모델은 이미 존재하는 민주주의 제도 위에, 더 정교하고 구체적인 참여 구조를 '덧입히는' 방식으로 작동해야 한다. 마치 기존 도시의 골격을 유지한 채 새로운 인프라와 공동체 공간을 덧붙이듯, 자산국가는 정치의 수직성을 수평성으로 전환하는 실험이다.

　현재의 정치 제도는 여전히 대표성과 위임 구조에 의존한다. 선거로 대표자를 선출하고, 주요한 국정 운영은 의회와 행정부에 위임하는 방식이다. 그러나 이 구조는 시민이 체감하기엔 너무 느리고, 멀고, 추상적이다. 자산국가는 여기에 '일상적 참여', '기여 기반 수익 구조', '디지털 상호 작용'이라는 새로운 층을 얹는다. 그리고 이 두 구조는 대립이 아니라 보완 관계로 설계되어야 한다.

예산은 정치의 핵심이다. 그만큼 보수적인 영역이기도 하다. 하지만 자산국가는 예산 배분의 일부를 시민 기여와 참여 이력에 따라 결정하는 실험을 통해, 정치의 신뢰 구조를 다시 짤 수 있다. 기여 기반 예산 심의제를 생각해 보자.

기초 의회에서 연간 1~2%의 예산을 '기여 기반 우선 심의 안건'으로 지정하는 방식이 가능하다. 주민이 직접 제안하고, 지역 플랫폼을 통해 다수의 참여와 기여를 얻은 안건은 자동으로 예산 심의 대상으로 상정된다. 이는 단순히 '좋은 아이디어'가 아니라, '집단의 시간과 에너지가 축적된 안건'이라는 점에서 우선성을 갖는다. 고양시의 '정책 실험 협의체'는 이런 구조를 시험한 바 있다. 주민이 제안한 생활 인프라 개선안, 골목길 정비 사업, 소규모 문화 공간 조성이 예산에 반영되었으며, 지역 의회는 이를 기반으로 실험적 예산 편성 방식을 검토했다.

정당은 정책 생산의 중요한 창구다. 하지만 현실 정치는 점점 더 국민과 거리감을 벌이고 있다. 자산국가는 이 간극을 줄이기 위해, 정당이 '공약'이 아니라 '실험'으로 경쟁하는 구조를 제안한다. 정당 실험 제안권이 그것이다.

각 정당은 총선, 지방선거를 앞두고 자산국가형 실험안을 하나

이상 등록하고, 이를 지역 기반 실험으로 구현한 뒤 그 결과를 '성과 공약'으로 발표하는 방식을 도입할 수 있다. 이 과정은 단순히 정당의 슬로건을 넘어서, 실제 시민 참여와 데이터 기반 설계, 그리고 실험의 성공률을 비교하는 장으로 작동한다. 예를 들어, A 정당은 '기후 데이터 기반 지역 배당' 실험을, B 정당은 '청년 지역 설계자 배당제'를 제안하고, 각기 다른 시범 지역에서 실험해 성과를 평가받는 것이다. 이제, 정치는 말뿐인 공약으로 끝나도 되는 것이 아니라, 실행의 결과로 증명해야 하는 것이다.

주민 자치회는 지역 민주주의의 기본 단위다. 그러나 아직 많은 지역에서 형식적으로 운영되고 있으며, 실질적 권한과 참여 동기가 부족한 상황이다. 자산국가는 이 구조에 새로운 활력을 불어넣을 수 있다. 주민 자치회 연동형 자산 플랫폼이 그 방법이다.

광주광역시는 최근 주민 자치 센터에 디지털 참여 시스템을 도입하고, 자치회와 지역 플랫폼을 연동해 공공 제안, 지역 데이터 수집, 예산 설계 토론까지 일원화하려는 시범 사업을 시작했다. 이는 자산국가 모델이 가장 낮은 단위의 정치 구조와 직접 맞물릴 수 있다는 가능성을 보여준다. 이처럼 주민 자치회가 '자산 설계자의 네트워크'로 재구성되면, 시민은 단순히 민원을 넣는 존재가 아닌 '마을 단위 자산 관리자'가 된다. 여기서 정책은 국가가 제공하는 서비스가 아니라, 지역 공동체가 만들어내는 구조로 전환된다.

자산국가는 제도 그 자체일 뿐 아니라, 제도 생성의 새로운 방식이기도 하다. 따라서 이 실험이 실험만으로 끝나지 않고, 어떻게 정치 제도에 스며들 것인가가 중요하다. 제도 실험의 제도화가 필요하다.

    새로운 자산국가: 코리아 스탠다드

예컨대, 초기 단계에서는 광역 단체별로 한 개 이상의 시범 지구를 선정하고, 해당 지자체의 자산국가형 실험 안건을 공모하고, 주민 설계자 그룹과 전문가 자문단, 지역 의회가 함께 실험을 설계하며, 실험 결과는 공식적으로 국회에 보고되거나 시민 공개 토론회로 환원되도록 설계할 수 있다. 이러한 구조는 새로운 실험이 단발성 사업에 그치는 게 아니라, 정치 시스템 안에 반영될 수 있는 회로를 만드는 과정이다. 한국의 '혁신 교육 지구', '주민 참여 예산제' 역시 처음엔 시범 사업으로 시작했으나, 제도화 과정을 거치며 법적 근거와 예산 배정을 확보했다. 자산국가 실험도 그렇게 '정책이 되는 이야기'가 되어야 한다.

자산국가는 정치적인 이상을 강요하지 않는다. 구조의 빈틈을 실험으로 채우고, 그 실험을 정치로 잇는 새로운 방식의 민주주의다. 여기서 말하는 실험은 시민의 일상에서부터 출발해 제도의 표면을 흔든다. 제도는 시민의 감각에 반응하는 방식으로 끊임없이 순환한다. 살아 있는 설계 과정이다. 이러한 구조는 기존의 정치 질서와 충돌하지 않으며, 그것을 더 유기적이고 실질적인 체감의 구조, 신뢰의 구조, 참여와 보상의 구조로 전환한다. 정당과 의회, 관료와 시민이 서로 다른 세계에 머무는 것이 아니라, 하나의 플랫폼 위에서 상호작용하며, 각자의 역할과 언어를 공유하는 새로운 민주주의의 생태계를 만드는 것이다.

그리고 바로 이러한 전략은 한국 사회가 오랜 시간 준비해 온 실험적 유산 위에서, 가장 먼저 설계하고 가장 먼저 실행할 수 있는 현실적 혁신의 방식이다. 그동안 쌓아 온 주민 참여 예산제, 협치 모델, 디지털 행정 시스템, 지역 플랫폼 실험들이 이 기반을 형성했다. 이것이 자산국가가 실현 가능한 실험이라는 증거이며, 자산국가는 이 모든 조각을 연결하여 하나의 '국가적 이야기'로 완성해 낼 것이다.

세계 최초의 자산 설계 국가: 국제적 확장 가능성

자산국가라는 아이디어는 근본적으로 21세기 국가가 어떻게 국가 구조를 재설계할 수 있는지부터, 그것이 어떻게 보편적인 인간의 삶에 도달할 수 있는지까지 염두에 두고 시작되었다. 따라서, 이는 단지 한국 내부의 새로운 복지 모델이나 경제 정책만으로 국한되지 않는다. 이 책의 초반에서 한국 사회의 위기 상황을 집중적으로 설명했지만, 이는 전 세계 모든 국가가 비슷하게 겪고 있거나, 겪게 될 현실들이다. 이러한 상황에서 제안하고 있는 자산국가 구조는, 한국이 세계 최초로 시도하고 있다는 점에서 국제적 주목을 받을 수 있다. 즉, 자산국가는 '내부 개혁'인 동시에, '보편 인류의 삶에 대한 개혁'이며, 전 세계 국가들의 지침서가 될 수 있고, 이는 곧 대한민국의 국가 브랜딩으로 이어지는 것이다.

과거 싱가포르가 무역과 금융의 플랫폼으로, 룩셈부르크가 법인 등록과 조세 최적화의 허브로 작동했던 것처럼, 이제는 자산 설계와 운용, 참여 플랫폼을 기반으로 한 '자산국가'가 새로운 국제 모델로 부상할 수 있다. 한국은 산업화와 민주화, 디지털 전환을 세계에서 가장 압축적으로 경험하고 있는 나라다. 이 경험의 총합은 '자산의 민주화'와 '삶을 설계하는 민주주의'를 가장 먼저 실현할 수 있는 잠재력으로

　　　　새로운 자산국가: 코리아 스탠다드

전환되고 있다.

왜 한국인가? 축적된 실험, 기술, 사회적 역량 때문이다. 한국은 이미 다양한 실험들을 통해 자산 설계의 기초 체계를 쌓아왔다. 주민 참여 예산, 지역 마일리지 제도, 디지털 행정 시스템, 청년 기본 소득, 시민 플랫폼 운영 등은 모두 자산국가 모델의 구성 요소다. 특히 디지털 기술 인프라와 전 국민적 스마트폰 활용률, 정부 주도의 전자 행정 경험은 복잡한 구조 설계를 가능하게 만든다.

그리고, 한국 사회는 '시민 자발성'과 '집단 학습 속도'에서 매우 독특한 문화를 갖고 있다. 수차례 겪은 경제적, 정치적 위기 상황에서 한국 시민들은 자발적으로 평화적, 민주적인 방식을 사용하여 극복해 낸 경험이 있다. 이 경험들은 전 세계 어느 국가에서도 찾아보기 힘든 대단한 사례이다. 또한, 팬데믹 시기 자가 진단 앱과 방역 참여처럼, 공공 시스템에 대한 빠른 적응과 집단적 동조는 실험의 확산 가능성을 더욱 높인다. 이런 역량은 제도를 뛰어넘는 감정과 의지의 산물들이다.

게다가 K-콘텐츠, K-푸드, K-뷰티, K-테크 등으로 축적된 글로벌 인식은 '국가가 만든 문화 구조'를 해외에 수출하는 데 이미 익숙하다는 것을 의미한다. 이제는 콘텐츠가 아니라, 사회 구조와 정책 설계가 '한국발 수출품'이 될 시점에 도달한 것이다.

자산국가는 기술적으로 국경에 구애받지 않는다. 디지털 기반의 기여, 참여, 보상 구조는 전 세계 누구에게나 개방될 수 있다. 국제적 참여가 가능한 구조, 즉 디지털 국경의 확장이 가능하다. 예를 들어, 외국인이 한국의 특정 지역 자산 플랫폼에 참여해 제안서를 내고, 투표에 참여하고, 결과적으로 수익의 일부를 배당 받는 구조는 이미 기술적으로 실현할 수 있다.

　이러한 구조는 기존의 '국적 기반 권리'가 아닌 '기여 기반 권리'라는 새로운 글로벌 시민권 개념을 열어준다. 한국이 선도적으로 '디지털 코리안 자산 공동체'를 구축할 수 있다면, 외국인도 이 구조 안에서 '기여자 – 설계자 – 수익자'로서 참여 가능해진다. 이는 글로벌 커뮤니티 안에서 자산 설계와 분배의 새로운 모델이자, '21세기형 국제 기축 플랫폼'으로 진화할 수 있는 여지를 만든다. 이러한 글로벌 구조는 특히 블록체인 기술, 메타버스 기반 커뮤니티, 분산 플랫폼 기술과 결합해 더욱 강력한 확장성을 가질 수 있다. 국경 없는 자산국가는, '기여를 통한 권리 부여'라는 새로운 국제 윤리 질서를 제안하는 모델이기도 하다.

　자산국가는 해외 자본에 대해 배타적이지 않다. 그러나 중요한 전제는 자본이 단기 투기가 아니라 순환적 기여를 전제로 유입되어야 한다는 점이다. 해외 자본의 유입은 투기가 아닌 순환의 설계여야 한다. 예컨대, 외국인이 한국의 재생 에너지 인프라, 공공 데이터 플랫폼, 지역 공동체 기반 프로젝트에 투자하고, 해당 자산이 창출하는 수익의 일부를 정당한 배당으로 받는 구조는 '기여 기반 공공 자산 순환 모델'이다.

　이 모델은 "자산 설계에 참여한 자가 소유권 일부를 공유한다"는 원칙을 기반으로 한다. 이는 한국을 단순한 투자 대상국이 아닌, '글로벌 자산 생태계의 운영 국가'로 자리 잡게 한다. 이러한 흐름은 국가 신용도 개념의 전환도 촉진한다. 과거에는 외환 보유액, 채권 발행 안정성, 재정 건전성이 중심이었다면, 이제는 '자산 순환 능력', '구조 설계

와 운용의 투명성', '시민 참여 기반의 신뢰 메커니즘'이 새로운 형태의
국가 경쟁력으로 부상할 것이다.

　이처럼 자산국가는 한국이라는 지역 안에서 시작되었지만, 그 철
학과 구조는 전 세계가 함께 공감할 수 있는 보편성을 지닌다. 우리는
이 실험을 통해 충분한 실현 가능성과 함께 유연한 확장성까지 확인했
다. 자산국가는 단지 하나의 제도가 아니라, 인간과 국가, 공동체를 새
롭게 이해하고 설계하려는 시도다. 이제 우리는 그것을 '코리아 스탠
다드'라고 부른다.

Chapter 12

코리아 스탠다드:
새로운 국가의 철학

우리는 이 책의 첫머리에서 질문을 던졌다. 대한민국은 지금 어디에
서 있는가? 그리고 우리는 무엇을 바꾸어야 하는가?

성장 중심의 경제, 산업화로 이룬 성과, 빠른 디지털 전환. 이 모
든 것이 우리를 여기까지 이끌었지만, 동시에 새로운 시대 앞에서 한
계를 드러내고 있다. 사회는 양극화되고, 불안은 일상이 되었으며, 청
년은 더 이상 미래를 계획하지 않는다. 공동체는 해체되고, 신뢰는 사
라졌으며, 시스템은 너무 무력하다.

이 책은 단순한 진단이나 대안 제시를 넘어, 하나의 구조 실험을
제안해 왔다. 자산국가란 더 많은 복지나 더 좋은 일자리를 약속하는
정책이 아니다. 국가의 구조를 다시 설계하고, 시민의 위치를 다시 규
정하며, 인간의 존엄을 다시 회복하려는 실험이다.

기여가 수익이 되고, 참여가 권리가 되며, 설계가 모두의 몫이 되

  새로운 자산국가: 코리아 스탠다드

는 구조. 우리는 이 구조를 통해 더 나은 분배가 아니라, 더 나은 질서를 만들고자 했다.

자산국가 실험은 완성형이 아니다. 질문을 확장하고, 상상력을 자극하며, 참여의 여지를 열어두는 열린 구조다. 그리고 이제, 우리는 이 실험이 향하는 방향을 하나의 철학적 이름으로 부르고자 한다.

그 이름은 바로, 코리아 스탠다드다.

코리아 스탠다드: 대한민국이 제시할 수 있는 새로운 표준

대한민국은 지금 세계에서 가장 복합적인 조건을 가진 실험실이다. 우리는 '압축 성장'이라는 기적을 경험했지만, 그 안에는 '불안한 성장'이라는 독특한 그림자가 함께 있었다. 경제는 성장했지만 관계는 파편화되었고, 경쟁은 성취를 낳았지만 동시에 불안을 심화시켰다. 바로 이 구조 안에서 자산국가라는 새로운 모델은 강한 설득력을 갖는다.

또한 '돈에 민감한 국민성', '디지털 기술에 대한 높은 친숙도', '빠른 제도 적응력', '교육에 대한 집착', '높은 불안과 동시에 높은 창의성'은 역설적으로 자산국가가 가장 먼저 실현될 수 있는 사회적 토대를 만들어 준다.

이처럼 자산국가는 한국이 '코리아 스탠다드'라는 새로운 글로벌 기준을 제안할 수 있는 실험대이자 플랫폼이다. 이 모델은 단순히 더 많은 복지를 약속하는 국가가 아니라, 공정과 참여를 통해 질서를 재정의하고, 시민의 기여와 설계를 중심으로 작동하는 전혀 새로운 국가 운영의 원칙이다.

'코리아 스탠다드'는 기술, 민주주의, 복지, 경제가 하나의 구조로 통합된 참여형 국가 모델이다. '분배를 넘어선 설계', '소비자에서 설계자로 시민 전환', '이윤에서 순환으로 기업 전환', '통치에서 조율로 정부 전환'이 이 모델의 핵심 전환축이다. 그리고 이 모든 과정은 기존 질서를 부정하거나 파괴하는 것이 아니라, 그 위에 새로운 구조를 정교하게 얹는 실험이다.

지금 전 세계는 기후 위기, 기술 격차, 고령화, 사회적 분열 속에서 '다음 국가 모델'을 절실히 찾고 있다. 한국은 그 질문에 가장 먼저 응답할 수 있는 나라다. 자산국가라는 구조는 바로 그 응답이며, '공정한 기여', '정당한 보상', '시민 참여 기반의 지속 가능성'을 통해 국가를 새롭게 설계하고 평가하는 기준을 제시한다.

우리는 지금까지 K-POP, K-드라마, K-방역을 통해 문화적 표준을 세계에 제시해 왔다. 이제는 K-자산, K-거버넌스, K-설계라는 구조적 모델을 제안할 차례다.

'코리아 스탠다드'는 이 설계를 수출하는 개념이다. 한국에서 시작된 이 실험이 전 세계의 질문에 응답하고, 인류 보편의 미래를 위한 구조적 해답이 되는 것. 그것은 전 세계 모두가 가고자 하는 방향의 중요한 이정표가 되어줄 것이다.

자산국가 이후의 삶: 인간의 복원

다시 한번 강조하지만, 우리가 말하는 자산의 범위는 돈에 국한되는 것이 아니다. 그 자산은 결국 시간, 관계, 감정, 자존감, 참여, 연대, 그리고 사랑과 같은 비물질적 가치로 확장되어야 한다. 자산국가는 이러한 삶의 구성 요소를 국가 운영의 중심에 두려는 구조적 시도다.

이는 '어떻게 더 많이 가질 것인가'가 아니라, '어떻게 살아갈 것인가'에 대한 집단적 대화를 제도화하는 것이다. 우리는 지금까지 너무 오래 생존에 쫓기며 살았다. 일하지 않으면 곧바로 소득이 끊기고, 실패는 곧 낙오였으며, 한 번의 선택이 평생을 결정지었다.

자산국가는 그 직선형 인생을 순환형 구조로 전환하고자 한다. 삶의 특정 시점에서 쉬어갈 수 있고, 다시 배움에 몰입할 수 있으며, 창작과 돌봄이 소득으로 환산되는 구조. 그리고 이 모든 과정이 존중받고 보장되는 삶.

자산국가 안에서 사람들은 단지 소비자가 아니라, 창작자이자 기여자, 공동체의 일원으로서 삶을 다시 구성하기 시작한다. 이것은 인간 존재에 대한 복원의 시도다. 이기적 생존자가 아니라 설계자로서의 인간. 혼자가 아니라 연결된 존재로서의 인간. 돈을 수단으로 삼되, 그 너머의 인간다움에 이르는 구조. 그 인간다움의 핵심은 존엄성의 회복이다. 타인의 눈치를 보지 않고 자기 삶을 결정할 수 있는 자유, 무력감이 아닌 유능감에서 비롯되는 자신감, 단절이 아닌 연결 속에서 느끼는 안정감.

그리고 마침내, 누군가를 사랑할 수 있는 여유, 사랑받아 마땅하다는 감정, 함께 살아갈 수 있다는 믿음까지.

이것이 바로 인간다운 삶이다. 우리는 이 책을 통해 바로 그 삶의
복원을 이야기해 왔다. 자산국가의 궁극적인 지향은 결국 인간이 존엄
을 회복하고, 서로를 사랑할 수 있는 존재로 살아가는 것에 있다.

우리는 이 책에서 자산국가라는 실험을 이야기했다. 한 사회의 구조를 다시 설계한다는 것은 사람들의 감정 구조를 바꾸는 일이고, 삶을 대하는 태도를 바꾸는 일이며, 우리 안에 이미 존재하고 있었던 '더 나은 가능성'을 꺼내는 일이다.

자산국가는 시스템의 대전환을 말하지만, 그 궁극은 인간에 대한 믿음이다. 사람은 이기적 존재가 아니라, 설계하고 기여하며 연결되기를 원하는 존재다. 우리가 필요한 것은 사람을 그 자리로 이끌어줄 구조와 언어, 제도와 상상력이다.

우리는 이 책에서 완성된 답을 내놓은 것이 아니다. 다만, 지금 여기서부터 새롭게 설계할 수 있다는 가능성을 열어두고 싶었다. 이 실험은 대한민국이라는 작은 땅에서 시작하지만, 그 가능성은 더 넓은 세계와 연결될 것이다. 그리고 그 길은 누군가가 완성해 주는 것이 아니라, 함께 질문하고, 함께 설계하는 과정 속에서 열릴 것이다.

나는 이 아이디어를 혼자 시작했지만, 이 여정을 함께 걸을 사람들을 기다리고 있다. 우리가 함께 만들어 갈 그 첫걸음이, 새로운 삶의 가능성으로 이어지길 바란다.

새로운 자산국가:
코리아 스탠다드

1판 1쇄 발행　2026년 2월 2일

지은이　　　정훈
펴낸이　　　정원우
편집총괄　　민지현
디자인　　　홍성권

펴낸곳　　　어깨 위 망원경
출판등록　　2021년 7월 6일 (제2021-00220호)
주소　　　　서울시 강남구 강남대로 118길 24 3층
이메일　　　book@premiumpublish.com

ISBN　　　979-11-93200-68-1　03300